KB038817

그날을 말하다

지혜 엄마 이정숙

4·16구술증언록 단원고 2학년 10반 제2권

그날을 말하다

지혜 엄마 이정숙

4·16기억저장소 기획 편집
(사) 4·16세월호참사가족협의회 지원 협조

한울

일러두기

1. 음절로 식별 가능한 소리를 들리는 대로 전사하는 것을 원칙으로 한다.

2. 의미를 파악하기 위해 추가 설명이 필요할 경우 [ ]로 표시한다.

3. 몸짓, 어조 등 비언어적 행위는 ( )로 표시한다.

4. 구술자가 말을 잇지 못해 말줄임표를 사용하는 경우 ……, …로 길고 짧음을 표시한다.

5. 비공개 영역은 〈비공개〉로 표시한다.

6. 비공개해야 하는 희생자 형제자매의 이름은 ○○, △△ 등의 도형기호로, 생존자의 이름은 A, B, C 등 알파
   벳 대문자로 표시한다.

7. 비공개해야 하는 제3자는 직분이나 소속, 성만 공개하고, 이름은 ××로 표시한다. 비공개해야 하는 숫자는
   자릿수에 상관없이 □로 표시하며, 지명은 □□로 표시한다.

4·16기억저장소에서는 세월호 참사 5주기를 맞아 구술증언 수집 사업의 결과물 일부를 100권의 책으로 발간하게 되었습니다. 이 사업은 2015년 6월부터 다양한 학문 분야 구술 연구자들의 자발적인 참여로 진행되어 왔으며, 세월호 참사를 좀 더 정확하고 다각적으로 기록하고 기억하고자 하는 노력의 일환으로 수행되었습니다.

2014년 참사 발생 이후, 참사 피해자들의 목격담과 경험은 안타깝게도 공식적인 국가기관과 언론의 기록 속에서 철저히 소외되거나 왜곡되었습니다. 그것은 세월호 참사가 우리에게 안긴 죽음과 고통의 충격만큼이나 우리 사회의 끔찍한 비극이었습니다. 따라서 사업을 진행하면서 세월호 참사 희생자 가족, 생존자, 생존자 가족, 어민, 잠수사, 활동가, 기자 등등, 참사의 초기 과정을 직접 경험한 분들의 증언을 우선적으로 수집했습니다. 구술자는 이 사업의 취

지와 방식에 개인적으로 동의한 분 중에서 선정했으며, 참여 과정에 어떠한 금전적 보상이나 이익이 제공되지 않았습니다. 또한 구술증언 수집 사업을 진행하는 동안, 면담자는 연구자이자 참사를 겪은 공동체 시민으로서 최대한 윤리적이고자 노력했습니다.

구술자마다 매회 약 2시간씩 3회를 원칙으로 음성 녹취와 영상 촬영을 하는 방식으로 진행되었고, 증언의 일관성을 확보하기 위해 면담자는 큰 틀에서 공통 질문지를 사용했습니다. 공통 질문지의 내용은 참사와 구술자 간의 관계성에 따라 차이가 있지만, 유가족 구술의 경우 1회차 '참사 이전의 삶, 팽목항과 진도에서의 경험, 자녀에 대한 기억'을, 2회차 '참사 이후 투쟁과 공동체 활동 경험'을, 3회차 '참사 이후 개인 및 가족이 경험한 삶의 변화와 깨달음, 자녀의 현재적 의미'를 중심으로 했습니다. 이처럼 증언 내용은 참사 이전에서 시작해 참사 발생 당시의 경험과 이후의 변화 과정까지 폭넓게 수집했고, 면담자는 구술 채록 과정에서 구술자의 발화를 최대한 존중하고자 했으며, 무엇보다 각자의 특수한 경험과 다른 시각을 충실히 반영하고자 했습니다.

이 구술증언록의 발간을 위해, 채록된 음성 자료는 문서로 변환해 구술자와 함께 검토했고, 현재 시점에서 공개할 수 있는 영역과 할 수 없는 영역으로 구별했습니다. 따라서 책에 실린 내용은 모두 구술자로부터 공개를 허락받은 부분입니다. 비공개 영역은 추후 구술자의 동의를 받아 적절한 절차를 거쳐 추가로 공개될 수 있으리라 생각합니다.

이 구술증언록 100권에는 그동안 우리 사회에 왜곡되어 알려지거나 잘 알려지지 않았던, 참사 발생 직후 팽목항과 진도 혹은 바다에서의 초기 상황에 관한 중요한 증언이 포함되어 있습니다. 또한, 자녀를 잃는 잔인하고 애통한 상황을 겪으면서도 그 누구보다 강인한 정치적 주체로 성장할 수밖에 없었던 유가족의 마음과 경험을 구체적으로, 그리고 여러 각도에서 살펴볼 수 있습니다. 그 외에도, 이 구술증언록은 2014년을 전후한 한국 사회의 여러 측면을 드러내는 귀중한 자료가 되리라고 생각합니다. 무엇보다 국내외의 많은 분이 이 책을 읽어, 장차 세월호 참사의 진상 규명과 역사 서술에 기여할 수 있기를 바랍니다.

구술증언 수집 사업이 진행되고, 책으로 출간되기까지 많은 분의 도움과 지지가 있었습니다. 이 지면을 빌려 부족하나마 감사의 말씀을 전하고자 합니다.

먼저 (사)4·16세월호참사가족협의회와 4·16기억저장소에 감사를 드립니다. 이분들의 신뢰와 적극적인 협조가 없었다면, 이 사업은 처음부터 시작할 수조차 없었을 것입니다. 또한 어려운 정치 환경 속에서도 사업의 취지에 공감해 재정 지원을 결정해 준 아름다운가게와 역사문제연구소에 감사드립니다. 두 단체 덕분에, 이 사업을 4년 동안 계속해 올 수 있었습니다. 그리고 구술증언록 100권의 발간에 동의하고, 바쁜 일정에도 출판 실무를 기꺼이 맡아주신 한울엠플러스(주)에도 감사를 드립니다. 이 외에도 많은 개인과 단체가 직간접적으로 많은 도움을 주시고 격려해 주셨습니다. 여기에 모두 밝히지 못하는 것을 죄송하게 생각합니다.

　말할 필요도 없이, 가장 크고 또 가슴 아픈 감사는 구술자 한 분한 분께 드리고자 합니다. 이 책이 발간될 수 있었던 것은, 무엇보다 용기를 내어 아픔과 고통의 기억을 다시 떠올리고 장시간 진심으로 이야기를 해주신 구술자가 있었기 때문입니다. 오랜 시간 이야기를 나누며 함께 공감하기도 했지만, 그 아픔과 고통을 어떻게 가늠할 수 있을까 싶습니다. 더 큰 도움이 되지 못함을 안타까워하며, 이 구술증언록 100권의 발간이 피해자분들에게 조금이라도 위로가 될 수 있기를 기원합니다.

2019년 4월

4·16기억저장소 구술팀 책임자
서울대학교 인류학과 교수 이현정

차례

■ 3회차 ■

지혜 엄마 이정숙

구술자 이정숙은 단원고 2학년 10반 고 권지혜의 엄마다. 지혜는 신실하고, 춤과 음악에 재능이 많은 살가운 막내딸이었다. 사고 후 엄마는 지혜 덕분에 세상을 많이 알게 되었다고 말하면서도 지혜의 부재에 마음이 미어든다. 엄마는 10반의 반 대표로 활동하였으며, 진상 규명과 책임자 처벌을 위해 오늘도 투쟁 활동에 힘쓰고 있다.

이정숙의 구술 면담은 2016년 3월 10일, 17일, 31일, 3회에 걸쳐 총 5시간 동안 진행되었다. 면담자는 김향수, 촬영자는 이예성이었다.

구술자 본인의 프라이버시나 제3자의 프라이버시를 보호해야 할 부분을 제외하고는 구술자의 발화를 있는 그대로 전사했다.

1회차

2016년 3월 10일

1
시작 인사말

면담자   본 구술증언은 4·16 사건에 대한 참여자들의 경험과 기억을 기록으로 남김으로써 이후 진상 규명 및 역사 기술에 기여하고자 합니다. 지금부터 이정숙 씨의 증언을 시작하겠습니다. 오늘은 2016년 3월 10일이며, 장소는 안산시 이정숙 씨 자택입니다. 면담자는 김향수이며, 촬영자는 이예성입니다.

2
동거차도 집단 구술 후 근황

면담자   저희가 동거차도 구술 때문에 2월 말에 뵀었죠. (지혜 엄마: 네) 그동안 어떻게 지내셨어요?

지혜 엄마   동거차도서 봤잖아, 그죠? 근데 동거차도 갔다 와서는…, 그러게요, 갔다 오면은 다 "트라우마에 빠져 있다"고 그러긴 하더라구요. 저는 가기 전에 좀 앓았어요. 뭐라 할까 힘들어하고, '동거차도 갔다 오면은 잠수를 타야지' 하고 갔는[데], '이게 마지막이다' 생각하고. 그동안에 반 일로도 힘들고, 몇 명이 안 되는, 안 되는 사람이 활동해야 하니까 너무 힘들어서, 동거차도 가는 게 제일 힘든 일이라서 갔다 와서, 나는 내 나름대로 잠수 타면서 어디 '놀다 와야 되겠다' [생각했어요]. 놀다 온다는 건 좀 그렇지만, '언니

네 집이나 갔다 와야 되겠다' 했는데, 동거차도 들어가 보니까 그 환경이 너무 기가 막히고, 그동안에 왔던 아빠, 엄마들이 얼마나 힘들었나 말을 안 해줘도 그 공간에서 다 표시가 나는 거예요. 나도 하루 지내보고 이틀 지내보니까, 말을 안 해줘도 '그 안에 참 고생도 많이 했겠다', '나르는 짐, 모양을 갖추기[까지] 참 많은 애를 썼다'라는 게 한눈에 보이니까, 한 일주일 있는 동안에 참 미안하더라구요.

일찍 와서 장소를 가꿔놓은 엄마, 아빠들에게 너무 미안해 갖고 반성이 되더라구요. 내가 고까짓 거 반에 조금 활동했다고

잠수 탈 생각했다라는 게 내 자신이 반성이 되고, 너무 내가 미웠어요. 이렇게 힘든 일을 한 사람은 아무 말 안 하고, 계속 경빈이 엄마나 이런 사람 보면 참 열심히 하는 거 보면은 '해줘야 되겠다'라는 생각을 하면서도 참 (한숨을 내쉬며) 반에서 꼭 엄마들 위임장 받으러 다니는 이런 게 힘들다고, 내 스스로가 포기하고 잠수 탈 생각했는 게 너무너무 후회하고, 그래서 거기 환경을 보니까 '이건 아니다, 내가 힘들어도 다시 마음을 가다듬고 몇 명 안 되는 사람이지만은 설득해서라도 열심히 또 다시 해야 되겠다' 하는 생각을 거기서 다시 배워 오고….

장소도 우리 아이들 생각 많이 나게끔 하지만은, 와서 다시 마음잡아서 아래께는 국회도 가고 광화문도 가고, 금욜 피켓[팅]하고, '교육청에 피켓 하는 것도 우리 반 몇 명 안 되지만 마음잡고 열심히 해봐야 되겠다. 이게 언제까지 갈지는 모르지만', 제 마음이 [그

18

랬어요]. 갔다 오고는 열심히 하려구요, '몇 명 안 되는 반 인원이지 만은, 내가 하는 데까지는 얼마든지 해봐야 되겠다'라는 그런 거에.

공방에도 어제도 가기 싫었지만은 '엄마장'['엄마랑 함께하장'] 한 다고 하니까 힘들지만은 그래도 내 한 하나의 손이라도 보태주기 위해서 가서 작품 만들어주고 오고 그랬어요. 그러면서 활기를 잃 지 않으려고 제 나름대로 산에도, 오늘 아침에 보현이 엄마랑 저 산에 갔다 오면 몸이 개운해지니까 그렇게 하루 시작해서 '다시 열 심히 살아봐야 되겠다'라는 거를 그래 갖고 실천하는 중인데, 이제 일주 지났나? 한 달이 갈지 그거는 저도 잘 몰라요. 내가 인간이다 보다니까, 기계가 아니니까 마음만 그렇게 먹는데 끝까지 해야 되 겠죠? 열심히 뛰는 엄마, 아빠들 생각해서.

그런데 계속 안 좋은 소식만 들려오니까, 교실 문제도 그렇고 특검도 그렇고, 지금 국회 가서 두 명이 그러고 있잖아요(울음). 그 아빠들도 너무 안됐고, 그 아빠들에 비하면은 나는 따뜻한 데서 편 하게 잠자는 것도 미안하더라구요. 그래서 아래께 화요일 날 우리 광화문 당번이라서 자고 일어났는데 그 톡을 보는데 너무 미안해서 엄마들이 얘기해 갖고, 우리 반이 가니까 "우리 쪼끔만 더, 5분이라 도 일찍 가갖고 아빠들 응원해 주고 광화문 가자" 그래 갖고 다 잘 할려고 했는데 자꾸 오차가 생기더라구요. 나는 내 딴에는 이렇게, 이렇게, 이렇게 하면은 '아, 고 하루를 잘 보내겠다' 싶어서 했는데 이 광화문지킴이는 잠깐밖에 못 하고, 국회 기자회견 하고 바로 내 려왔어요. 다시 가서 광화문을 저녁까지 해야 되는데 못 하고 오고 그랬어요.

면담자   몸도 많이 피곤하셨을 거 같은데요.

지혜 엄마   예, 조금 힘들었죠. 힘든데 내 몸이 힘드는 거는 계속 하품 나오는 거에 표시가 나더라구요. 그런데도 이렇게 딱히 '쉬어야 되겠다'라는 그 생각까지는 못 했어요. 열심히 하는 사람이 너무 있다 보니까 '한숨 더 자면 뭐 해' 그래 가지고 나가고 또 나가고, 그러다 보니까 또 피곤한 거는 잊어지고, 저녁에 잠 잘 자게 되고 그렇더라구요. 그렇게 일주, 이주 지났나, 벌써요? 그렇게 되더라구요. 그러니까 '뭐든지 생각에 머물지 말고 행동을 해야 되겠다'라는 생각으로 뭐도 하고, 뭐도 하고 다 할 거 같은데도 내가 안 움직이면 안 되잖아요. 그래서 그러면서 나름 게으름 안 피우고 아침 일찍부터 신랑 보내고 나면, 신랑이 제가 6시에 일어나서 밥해야 돼요, 밥해 먹이고 가면은 6시 40분이면, 그때부터 산에 갔다가 그렇게 시작하면 금방 이렇게 안 가라앉게 되더라구요, 아침 일찍 시작하면. 그랬어요.

면담자   부지런하신 거 같아요.

지혜 엄마   부지런하려고 노력해요. 자꾸 소파에 등 대고 있으면 눕고 싶고, 누우면 자고 싶고, 밖에 나가기 싫어지고 이러잖아요. 자꾸 생각을 바꾸죠, 소파에 안 앉고 바닥에 앉아서라도 이렇게 하려고 하고 그래요.

3
구술증언 참여 동기

면담자   오늘 구술증언에 참여해 주셨는데 어떤 생각으로 참여를 하시게 되었나요?

지혜 엄마   어떤 식으로요? 제, 우리 반이 많이 안 했다고 그러더라구요, 구술 그때 저거 찍는 거는 많이 안 했다 그래 가지고, "다 연락해 갖고 해라. 그래도 다른 사람들 다 했는데" [했죠], 우리 반이 너무 저조하다니까. 그래 가지고 어떻게 다 찍었는데 이거는 전부 다 안 한대요. 다른 사람은 안 하니까 어느 누군가가 하나 시작하면은 하지 않을까 싶어서 [하는 거예요]. 솔직히 카메라 들이대고 이런 거 별로 좋아하지 않아요. 그런데 실태 조사나, 여기 변호사님이 그거 하는 거 보니까 사람들도 참 힘들 거 같아요. 내가 이렇게 보면은 기현 씨도 참 힘들 거 같애. 기현 씨가 하나하나 집어줘서 그다음 사람이 와가지고 이렇게 할 수 있는 약속을 처음부터 잡아주지 않나, 기현 씨가요. 그런데 그 사람들은 무슨 죄가 있나 싶어서, '다른 사람은 안 하더라도, 나만이라도 그래도 해줘야 되겠다' 싶은 생각이 들어서, 하기 싫다고 하면 더 하기 싫잖아요. '말은 못 하지만은 얼버무리더라도 해야 되겠다'라는 생각은 했어요. 그래서 전화 왔길래 "알았다"고, "한다"고 그랬어요. 근데 막상 전화가, 메시지가 왔고 이러길래 어제는 생각했어요. '뭐를, 뭐를 물어볼까?' '뭐를 할까?' 내 나름대로 정리를 했죠. '애들 얘기겠지' 하고,

어릴 때부터 생각을 쫙 했어, 우리 지혜(울음).

내 다시 내가 생각 안 할라고 그래요, 지혜를 생각하면은 다른 사람도 그렇겠지만 너무 아까워요, 지혜는 너무 아깝고 (한숨을 내쉬며) 내가 너무 걔한테 기대를 많이 했는지는 모르지만, 오늘 아침에 보현이 엄마하고도 내가 얘기를 했어요. '내가 어떻게 키운 자식인데, 나 같은 사람 안 되기 위해서 어릴 때부터 문화센터고 뭐고 다 델고 다니면서 내가 키워놨는데, 어떻게 그렇게 하루아침에 뺏어가나' 이런 생각도 하고, 어릴 때 유치원 생각 때도 하고, 초등학교 때 생각도 하고, '그렇게 짧게 살고 가려고, 걔가 내한테 최선을 다하고 살고 갔나' 싶은 생각이 (눈물을 훔치며) 막 들더라구요. 그래서 '아, 이런 일은 얘기를 해줘야 되겠다' 그랬는데 그렇게 머리로는 정리를 했어요. '어릴 때부터 생각해서 얘기해 주면 되겠다'라는 생각했어요.

면담자　　　잠깐 쉬었다 할까요?

지혜 엄마　　아니에요, 그냥 해요. 눈물이…, 힘드실 거 같애, 같이 다.

면담자　　　아닙니다. 주로 지혜를 키우는 과정의 어머니 얘기를 주로 여쭤보려고 해요. 편하게 생각해 주세요. 지혜 이야기 하기가 많이 힘드시면 말씀해 주세요.

지혜 엄마　　어차피 자랑질 아닌 자랑을 해야 나도, 그죠? 좋은 거 좋다고 생각을…. 부모가 자식 자랑 빼면은 없잖아요. 잘났든,

남이 봤을 때는 별로 아니래도 내한테는 귀중한, 뭐랄까 보석보다 더 좋은, 중요한 거잖아요. [지금] 얘기하라고?(웃음)

면담자   우선 한 번 더 질문드릴게요, 이후에 오늘 하는 이 구술증언이 어떻게 사용되기를 바라시나요?

지혜 엄마   저는 모르겠어요, 진실 규명하는 데 보탬이 되면은 써도 그런 거는 아무 상관이 없어요. 우리 아이들이 너무 억울하게 죽었으니까 어떻게 해서라도 밝히는 거면은 써도 나는 상관이 없다고 생각해요. 어차피 갔는[세상을 떠난] 애기 때문에, 어떤 부모는 '싫다' 그럴 수도 있지만 저 같은 경우는 아니에요, 쓸 수 있는 한 최대한으로 활용해서 밝힐 수 있으면 얼마든지 [써도 돼요]. 나는 내 얼굴이 팔리더라도 저는 상관없거든요, 그냥 아무 데 써도 상관없어요.

4
과거 지혜 엄마로서의 삶과 지혜와의 각별한 관계

면담자   가벼운 질문부터 할게요. 처음에 안산에 언제 오게 되셨어요?

지혜 엄마   예, 안산에는…. 저도 안산이라는 거는 몰랐어요, 내가 경북 영주에서 태어났어요. 영주에서 태어나서 가정 형편이 그렇게 뛰어나지는 않았어요. 두 부모가 농사짓는 분이고, 엄마, 아버지도 아주 두메산골에서 자수성가한 두 분이에요. 우리 아버지, 할머니, 할아버지도 엄청 일찍 돌아가셨고 아버지가 되게 고생을 많이 하셨는데, 자식만큼은 교육 안 떨어지게 하려고 되게 애쓰신 분들인데, 저를 저희 엄마가 마흔둘에 낳아갖고, 늦게 낳았어요. 그런 데다가 4남 1녀를 낳아가지고 딸 하나, 저 하나밖에 없어요. 그런데도 저희 엄마, 아버지는 저를 귀하게 안 키워주고 남의 집에 간다고, 마음으로는 예뻐하면서 엄청 혹독하게 키우셨어요. 네, 저희 엄마 같은 경우는 딸 하나라고 아버지가 그렇게 하는 것도 싫어하고, 그런데 시골 노인네다 보니까 저를 예쁘게 키울 수가 없잖아요. 저는 남들이 머리 예쁘게 해갖고 다니고 학원 다니는 게 초등학교 땐 너무 부러웠어요.

그래서 '내 딸, 내 애만큼은 우리 엄마, 아버지처럼 그렇게 안 키우고 예뻐해 가면서 아이 눈높이에 맞춰서 살아야지' 하면 했는데…. 늦게 결혼했어요, 저도요. 스물아홉에 결혼해 가지고 중매 반, 연애 반 해가지고 안산에 신랑 따라오게 되었어요. 그래서 [19]94년도에 결혼해 가지고, 94년 4월 16일 날 했어요, 했고. 와가지고 큰애 놓고, 작은애 놓고 나는 내 나름대로 계획이 있었죠, '우리 애들을 어떻게 키워야 되겠다'. 그런데 없는 집에서 시집와 가지고, 없는 집으로 시집 왔는 데다가 내가 크게 배운 게 없으니까 매일 똑같이, 내 애도 나의 전철을 밟는 거나 똑같잖아요. 그렇지만 내가 어떤 짓을 해서라도 우리 두 딸만큼은 예쁘고 잘 키울라고 내 나름대로는 엄청 애썼지요. 그리고 직장은 안 다녔어요, 저 늦게 직장 다니기 시작했어요, 애들을 잘 키우는 게 저는 부모의 도리라고 생각했기 때문에. 그리고 엄마가 직장 다니면 애가 제대로 저기 해서…, 두 딸은 어쨌든 잘 키워야 된다는 생각이…. 거의 애들이랑 같이 붙어 있었어요.

아무리 가정이 어려워도 딸하고 같이, 애들은 엄마가 있어야… 그죠? 남들 엄마처럼 머리도 맨날 이렇게 땋는 것도, 저는 잘 못 땋는데도 노력해서 긴 머리, 그런데 첫째 딸은 이렇게 묶고 예쁘게 해주는 거를 싫어하더라구요. 그래서 내가 지혜한테 애착을 더 가진 거 같애. 큰딸은 예쁘게 해주려니까 그 예쁘게 하는 자체를 싫어해요, 거의 지혜랑 반대에요. 지혜는 예쁜 공주처럼 있는 걸 좋아해, 저도 그렇게 꾸며주고 싶은데 딸아이니까. 언니는 그런 자체를 싫어해서 언니는 포기하고 지혜만 내가 어떻게든, 내가 원하는 딸로 키우고 싶어서 했죠. 그런데 지혜가 참 잘 따라줬어, 그거를요. 내가 하자고 하면 하자는 대로 얘가 너무 잘 따라주더라구요. 어떻게 얘기해야 될지 모르겠는데, 하나 가르쳐주면 배로 이렇게 스펀지처럼 빨아 당기듯이 너무 잘 따라주니까 저는. 아니 이게 이 얘기가 아닌 거 같은데.

면담자　　　편하게 얘기하세요.

지혜 엄마　　　이렇게 다 차곡차곡 얘기해야 할 거 같은데. (면담자 : 아니에요) 그래서, 직장 안 다니면서, 엄마가 너무 저거 하면 안 될, 가벼워 보이면 안 될 거 같아서 학교 보내놓고 한숨 자고 일어나면, 애들 오면은 엄마 부스스한 모습 안 보이려고 제 나름대로는 되게 책도 열심히 읽고 애가 오기 전에 항상 집에 있고, 간식 만들어놓고 기다리고. 그런 거를 되게 좋아하더라구요, 지혜는요. 학교 갔다 오면은 간식 이렇게 같이 먹으면서 학교 이야기해 주는 거를 좋아해 가지고 맨날 그러고 살았어요, 맨날. 같이 쇼핑 다니면서 머리도 빨강 고무줄, 노랑 고무줄 이렇게 해가지고 해주고, 그거를 지혜도 너무 좋아하면서 어릴 때는 문화센터 같은 데도 엄청 데리고 다녔어요, 춤추고 이런 걸 너무 좋아하다 보니까. 유치원 때 발표회 하는 거 이런 것도 장시간 연습해도 싫어하지를 않아, 애가요. 되게 예능 쪽으로 끼가 다분한 거 같아요. 집에서도 마이크 같은 거 없으면, 저기 싱크대에 왜 있잖아요. 물 나오는 데 그거 들고도 하고, 목욕하면서 샤워기 들고도 막 하고(한숨). 내가 막 진짜로 원하는 딸로 막 잘 커주더라구요.

그래서 어디 데리고 다니면은 예쁘다 소리도 참 많이 듣고, 그래서 저 스스[로], 저가 나보다 딸이 예쁘다고 하면 더 으쓱해지잖아요. 그래서 더 우리 지혜를 데리고 다녔는 거 같기도 하고, 얘에 대한 꿈이 이렇게 뛰어난 거보다, 나보다 나은 아이가 나왔다는 게 너무 신기하고 좋아서 더 가르치고 더 했는 거 같아요(한숨).

면담자　　　문화센터 다니고 하실 때 정보는 주로 어디서 받으셨어요?

지혜 엄마　　　이웃집 엄마한테도 얻고, 내가 어릴 때 학원도 다니고 싶고, 피아노도 배우고 싶고, 이런 게 되게 많았어요. 그리고 저희 엄마가 시골 엄마다 보니까 예쁜 옷 이런 거를 사줄 줄 모르니

지혜 엄마 이정숙

까 내 한을 푸는 거예요, 솔직히 말하면. 그런 걸 못 받았기 때문에 예쁜 옷에다가, 애가 원하는 옷에다가, 그렇다고 돈 많이 들어서 해주는 게 아니고 내 안에서 해줄 수 있는 만큼은 최대한. 그런데 그게 신기한 게 애가 그걸 너무 잘 아는 거 있죠? ○○나 지혜 보면은 우리 수준, 우리 집 수준을 너무 잘 알아서 떼쓰고 이런 게 없었어요, 다행히도. 다른 애 같으면 사달라고 이러잖아요, 그런데 지혜하고 ○○ 같은 경우는, 내가 신경 써서 사주고 이러면은 "엄마, 우리 오늘 돈 너무 많이 쓴 거 아니야?" 그러고. 어릴 때는 내가 거의 애 옷을 얻어다 입혔어요. 윗집 애가 우리 애들이랑 비슷한 나이인데 그 집이 옷을 좀 잘 사 입히는데, 요즘 떨어져서 못 입고 그렇지 않잖아요, 거의 커서 못 입고. 그때는 한창 그랬잖아요, 거의 그 집 애 옷을 달라고 해가지고 내가 얻어 입혔어요. 그런데 우리 지혜한테 너무 잘 어울리고, 잘 [맞고] 하더라고요.

어릴 때는 그래서 거의 옷을 안 사 입혔는데 그래서 그랬는지 크면서 내가, 크면은 얻어 입기가 힘들잖아요. 지 스타일이 있고 자기 저기 있으니까, 그래서 내가 초등학교 3, 4학년만 되면은 내가 사주려고 했죠. 어릴 때는 얼마든지 얻어 입혀도 모르니까, 그 생각하고 키우긴 했었죠. 3, 4학년 때 사주고 이러면은 신기하게도 몇 가지 안 샀는데도 "우리 돈 너무 많이 쓰는 거 아니야?" 그런 말 하면서 "이제 그만 사고 우리 좀 아꼈다가 다음에 또 사자" 이러고. 그런 말이 너무 신기한 게, 애 입에서 어떻게 사주면 좋아서 거기에 신나서 이럴 건데, 그런 것도 너무 신기하고(울음). 문화센터 갔는데 제 언니 집어넣고 둘이, 엄마들이 쫙 거기서 애 나올 때까지 기다려요. 그러면은 지혜는 좀 어려서 안 들어가고, 엄마들이 가지고 왔는 거 이렇게 먹고 그러잖아요. 그러면은 어떤 애는 안 먹고 버리고 이러더라구요. 그러니까 이 조그만 게 "아까운 음식을 버린다"고, 그런 말도 하는 게 너무 철도 들었는 거 같고, 우리 형편을 너무 잘 아는 아이 같기도 하고, 내 속에서 낳았지만 어떻게 아까운 것도 알고, 엄마가 없는 돈 이렇게 모아서 자기 이렇게 치장해 주고 이런 것도 너무 잘 아니까, 엄마는 그게 안돼 가지고 더 사주고 싶고 막 그러더라구요.

차라리 떼쓰고, 그죠, '학원 보내달라'고 이러면은 엄마가 힘들어서 못 해줄 수도 있잖아요, 그런데 그런 거 안 하니까. 내가 알아서 성적 안 되면은, 나는 공부에는 별로… 공부는 얼마든지 따라갈 수 있거든요, 못해도. 그런데 어릴 때 뭐든지 그 단계를 안 밟으면은 안 될 거 같아서, 제가 큰애 같은 경우는 다니는 거를 싫어해서, 미술학원 같은 데 다니는 걸 별로 안 좋아하고 이러더라구요. 그런데 지혜 같은 경우에는 보내주면 보내주는 대로 다 가더라구요. 그래서 공부는 어차피 학교 가면은 재능이 안 되면 못 따라가는 거고, 재능 되면은 따라갈 거라고 생각하고 예능 쪽으로 제가 많이 시켰어요. 지혜 같은 경우는 발레, 재즈, 위에 올림픽[기념관] 싼 가격에 얼마든지 배우러 다니는 데가 많거든요. 문화센터 같은 데도 가면은 2, 3만 원이면은 실컷 영어나 이런 거는 얼마든지 배워서 내가 큰돈 들여 못 하는 것은 발품 팔아서라도 데리고 다니면서 애

썼어요. 지혜 같은 경우는 예능 쪽으로 엄청 많이 했어요. 플루트 같은 거나 피아노 같은 거는 고등학교 초[반] 1학년 때까지 하고, 영어 이런 거는 문화센터를 주로, 구연동화 이런 거는 내가 성격이 활발하지 않기 때문에 나 닮지 않게 하기 위해서, 구연동화, 마술 배우는 거 이런 거를 많이 해줬어요. 재즈하고 발레, 여기 올림픽 기념관이 가까워서 지 혼자도 얼마든지 다니거든요.

그런 거도 하고 그래서 그런지 커가면서 음악을 되게 잘하더라구요. 그래서 시립, 청소년수련관에 시립합창부까지 했어요, 고등학교 1학년까지요. 초등학교 때부터 7살 때 오디션 봐가지고, 둘이 다 다행히도 합격이 돼가지고 둘이 다니는데, 초등학교 갔다 와서 성당도 가야 돼요. 토요일 같은 경우는 엄청 바빠요. 그런데도 그거 한 번도 화 안 내고 잘 다녀주는 게 너무 예쁘더라구요. 성당 가서 초등부 미사 하고, 율동하고 끝나자마자 교리 해야 되는데 교리는 못 하고. 내가 그때는 차 없어 가지고 데려다주고 기다려, 택시타고. 청소년수련관까지 가는 게 차가 없어요, 그래 맨날 택시타고. 조금만 투자하면은, 택시비 투자하면은 애들이 얼마든지 어릴때 꿈을 많이 키울 수 있을 거 같아서 택시 태우고 불이 나게 가가지고 거기에서 조금 1, 20, 어떨 때 늦을 때는 20분 지각할 때가 있어요, 이게 시간이 딱딱 안 맞아가지고. 그래도 너무 잘 따라주고, 너무 자기가 좋아하는 거 하니까 그런 거 같애요. 그러다 보니까, 자라니까 예당[예술의 전당]에도 서게 되고 이러니까, 너무 신나 해가지고, 신나 하는 모습만 봐도 내가 힘들어도 나도 막 데리고 다니게 되고, 택시비 들어도 데리고 다니게 되고 그렇게 되더라구요.

그런데 다행히도 그런 쪽으로 좀 뛰어나더라구요. 피아노 같은 경우도 잘 쳐서, 대회 같은 데는 안 내보내고 성당 반주자 정도로 하고. 학교서도 선생님이 음악 시간에 피아노 쳐달라고 그래서 계속 치더라구요. 그 정도로 그렇게 하고, 자기…, 내가 모르겠어요. 내 나름대로 열심히 해주고 살아서 그런지, 걔도 보면은 엄청 열심히 뭐든지 게으름 안 피우고 열심히 하려고 노력하는 게 보이더라구요. 그런데 모든 게 나랑 너무 잘 맞았어요, 손발이. 내가 '아' 그러면 걔가 '어' 그럴 정도로 호흡이, 큰딸보다는 너무 잘 맞아서, 조금 큰딸보다는 더 살갑게 잘 지내는 거 같애요. 너무 호흡이 잘 맞으니까 지가 맨날 "동반자, 동반자" 이랬거든요, 아빠보다도. 아빠는 직장 아침에 나가면은, 저녁에 오면은 그때는 좀 일이 많다 보니까 9시, 8시 넘어서 들어와요. 그러면은 거의 아이, 애들하고 생활이잖아요. 아빠는 새벽에 나가고 이러면은, 그리고 오면은 방범 나가고 하면 12시에도 오고. 그러면은 거의 지혜하고 많이 잘 때도, 내가 좀 저녁잠이 많아 가지고 드라마 보고 안방에 들어가서 자면 따라 들어와서 같이 이런저런 얘기하다가 그러면은, 자기 얘기를 다 못 했는데 내가 잠들면은 이렇게 흔들어서 "듣고 있어?" 그러면서.

몇 번 그러다가 듣다가, 자다가, 듣다, 자다 하니까 안 되겠는지 자기 방에 언니랑 저기에서 잤거든요. 살며시 가서 자고, 그게 반복되는데도 그다음 날 항상 드라마 같이 보재요. 같이 보면 혼자

보는 거보다, 언니는 드라마 같은 거 잘 안 보니까, 내가 금방 잠드는데도 (눈물을 훔치며) 그거 투정 안 하면서 보고. 그다음 날 와가지고 불 꺼놓고 얘기하는 걸 너무 좋아해요. 학교 얘기나 친구, 남자 친구 얘기 하고 그런 거 하면서 (한숨을 내쉬며) 계속 그래요. 반쯤 자기 잘 때까지만 나 옆에서 얘기하다가 자기 방에 가서 자고. 다른 애 같으면은 잠들어 버리면, 짜증나서라도 다음 날 안 올 건데도, 와서 반복적인데도 흔들어 깨우다가 안 되면 자기 방에 가서 자면서도, 다음 날 또. 누구나 다 엄마를 잘 따라주겠지만, 지혜 같은 경우는 내가 잘 못하는데도 지가 잘 따라주는 게 너무 예뻤는 거 같애.

그러고 항상 내가 힘들어하면은 지가 성당에서 기도했다고 그러고, "아빠 회사가 안 좋대, 불경기래" 그러면은, 자기 나름대로 성당 가서 기도하고 오더라구요. "엄마, 아빠 회사 좋아질 거야" (눈물을 훔치며) 내가 기도 많이 했다면서 그런 얘기를 해주고, 항상 토요일, 일요일 되면은 같이 있는 시간이 많잖아요. 방 닦는 거 여름에 힘들어하면은 지가 피아노 저기 이렇게 꺼내가지고 쳐줘요. 쳐주면서 내가 나중에 닦아줄 테니까 자기 옆에 앉으래요. 앉으면 신나는 노래도 반주 쳐주면서 "지금 안 해도 되니까 내가 이거 다 쳐주고, 내가 닦아줄 테니까 앉아서 음악 듣고 있으라"고 그래요. 그런데 나는 막 할 일이 많잖아요, 토요일, 일요일 되면은. 저도 애들 키워놓고 초등학교 지혜 2, 3학년 때부터 오전에만 하는 일을 했어요. 그러니까 토요일, 일요일 같은 경우는 할 일이 많으니까,

하루 종일 움직이니까 자기 딴에는 그랬는 거 같애요. 그런데 결국에는 방 닦아준다 해놓고 안 닦아줘요(웃음). 말로만, 말이 얼마나 예뻐요, 말로만이 저를 달래주고…, 신랑보다는 더 많이 의지했는 거 같애요.

앉아 있어도 이렇게 기대고, "다리 하나라도 걸치고 앉으라"고 그러고, 스킨십을 되게 좋아했는 거 같애요. 그런 게 이제 없으니까, 못 하니까 대타로 우리 루비[반려견]한테 하는 거지. 가만 생각해 보면은 잠깐 있다 가려고 하는 아이 같은 느낌이…. 고등학교 때 들어왔는데 애만 쳐다만 봐도 어딘가 날아갈 거 같은, 왜 초롱초롱한 눈망울이 아직도 잊혀지지 않는데 나도 모르게 저 아이가 어디 갈 거 같은 느낌. 그래서 한참 이렇게 뚫어지게 쳐다보면은 왜 그렇게 보냐면서, 어디 내놓기가 아까울 정도로 그때는 한창 피어 있었는 거 같애요, 애가요. 그거 보면은 다 이게 때가 있는 거 같기도 하고, 잠시 17년 동안 내가 행복에 빠져가지고, 진짜 지혜 낳고는 되게 뭐라고 할까? 풀리기도 잘 풀리고요, 뭐를 얻은 거 같은 느낌 있잖아요, 내가 떠다니는 느낌이라 그럴까. 어디를 데리고 가도 자신감이 넘치고, 제가 숫기가 많이 없었는데, 어디 가서 말도 잘 못하고 이랬는데 그 애만 데리고 가면은 자신감이 넘치는 거예요, 어디 가서도. 성당을 가거나 시장을 가거나 그러면은 아이 하나만 데리고 가도 막 열정이 넘치고.

둘이 성당에를 잘 걸어갔어요. 지혜가 반주[자]다 보니까 나는 그 제대회[제대에 꽃 장식 등을 하는 소단체]라서 미사 오기 전에 그

32

지혜 엄마 이정숙

신부님 앞을 다 차려야 돼요. 그래 난 평일 미사에, 주말 미사도 하지만 평일 미사 때는 둘이 화요일 반주하고, 목요일 하고 이랬었어요. 학교 갔다 오면은 중학교 때는 그래도 시간이 여유가 많아서 상관없었는데 고등학교 같은 경우에는 학교 공부 수업만 끝나도 5시가 넘어요. 그런데도 짜증 한 번 안 부리고 엄마랑 같이 이렇게 걸어서 성당 간다는. 그 20분 거리거든요. 걸어서 빨리 걸어가면요, 와동이라서. 와서 밥 먹을 시간이 없어서 바로 가요. 가방 내려놓자마자 어떨 때는 교복 입고 가고, 어떤 때는 갈아입고도 가고, 오는 시간에 따라 교복 갈아입을 시간이 없으면은 바로 가고 그랬는데, 가면은 못 먹을 때는 밥 못 먹고 갈 때는 "그냥 우유 하나 사줘" 이래요. 그러면서 애들이 그 뭐지? 요즘 여기 뭐죠? 편의점, 편의점에 뭐 사 먹는 거를 되게 좋아하더라구요. 그 우유 한 개만 사줘도 되게 좋아서 그 먹으면서 얘기하고 가는 거를 하고, 지혜랑 이렇게 데리고 가면은 음악이 나오면은 내가 막 춤도 춰줘요, 가다가.

그러면은 "엄마, 하지 마" 그러고, "뒤에 누가 봐" 그래요. [그러면 제가] "보면 어때? 엄마가 기분이 좋아서 춤춰주는데 너한테" 그래도 [지혜는 저한테] 참으라고. 걔랑 같이 다니면 그렇게 활기가 넘치게 되더라구요, 그리고 자연스럽게 웃음이 나오고 웃게 되고. 속을 안 썩여봤어요, 걔가 저한테요. 그래 지금 생각하면 '아, 쟤가 나한테 17년 동안 나한테 기쁨과 행복을 주고 가려고 속 안 썩였나 보다' 싶은 생각도 들고. 큰애 같은 경우는 그렇게까지는 아니였거든요, 착하다 그래도. 뭐가 있었나 보다 싶은 생각도 들고, 좋은 추

억만 남겨주고 가려고 자기 몸 던져가면서 나한테 저렇게 베풀고 갔나 보다 싶은 게. 아무리 어려워도 그 어려움을 모르고 생활했던 거 같애요. 17년 동안 걔 태어나고부터 힘들어도 "아, 힘들어" 이 정도만 하고 짜증을 안 낸 거 같애 나도요. 그래서 '못 해줬다'라는 그런 거는 후회는 없어요, 솔직히 우리 지혜한테는요. 그렇다고 누구 집처럼 부유하게 사줄 거 다 사주는 게 아니고 내 경제 안에서 애한테 사줄 거 사주고 그렇기 때문에 후회는 안 해요, 못 해준 거에 대해서는. 그리고 둘이 너무 잘 통해서 지 기쁘고 나 기뻤으면 그것만 해도, 그죠?

그래서 다른 엄마들은 뭐 못 해줘서 미안하고…, 그런 게 없어서 보니까 나는 왜 그런 마음이 안 드나 싶은 생각도 해봤고, '진짜로 미안했나, 우리 지혜한테' 그랬는데, 모르겠어요. 내가 잘못 생각된 건지, 나만의 생각인지 모르지만, 지혜는 어땠는지는 모르지만 내가 걔 마음에 안 들어가 봐서 모르지만, 지금 생각해 보면 지혜한테 뭐 못 해줘서 미안하고 그런 거는 잘 모르겠어요. 없었는거 같은데 내 지혜한테 안 물어봐서 모르죠. 지혜는 섭섭한 게 있었는지 없었는지는 모르지만은 어쨌든 한 인생을 살면서 내한테와서 너무 잘 맞았고 잘 지내다 가서 다행이다 싶기도 하고. '만약에 뭐도 못 해주고 뭐도 못 해줬다고 생각하면 내가 이렇게 편하게 살 수도 없었을 거 같다'라는 생각도 들고 그래요. '조금만 더 나랑 더 오래 살다 갔으면 좋았을 건데' 그 생각만 하고, 그래서 그런지 항상 애가 그 말을 내한테 했었어요.

큰애 같은 경우는 결혼 안 한다고 했는데 얘는 군이 결혼을 한 대요. 그 말 들어도 너무 신기했어요. 자기는 군이 결혼해 가지고, 그런 이야기를 엄청 했어요, 얘가. "엄마네 옆집으로 이사 갈 거라고, 멀리 안 가고 바로 옆집에 집 얻어서 결혼생활 할 거고". 내가 그 말은 했거든요. "너 결혼하고 애 생기면 엄마가 다 키워줄게". 그리고 "너는 너 하고 싶은 거 다 하고 다니라"고 내가 못 했으니까, 일단은. 내가 못 했는 걸 우리 애한테 다 요구하는 거예요. "애는 엄마한테 맡겨놓고 니 하고 싶은 거 다 하고 다니라"고, "결혼 안 해도 좋다"고. 나는 군이 남자만 바라볼 필요 없다고 그랬는데, 얘는 군이 결혼해 가지고 애도 나한테 맡기면서 돈을 쥐가면서 맡긴다는 거예요. 그래서 용돈도 줄 거고, 그러면서 시댁하고, 그 얘기를 하더라구요. "엄마 너무 많이 주면은 자기 신랑이 자기 싫어할 거"라고 "시댁하고 똑같이 나눠서 줄 거"라고, 돈 벌어서 "너무 많이 주면은 자기 신랑이 자기를 싫어할 거"라면서 그 말도 하고. 결혼에 대한 얘기도 참 많이 했는 거 같아요. 참 어린 나이 때도 중고등학교 때까지는 그랬어요, 결혼은 꼭 할 거라고, 일찍 할 거라고, 그런데 남자 친구가 없어서 그렇지. 그런 얘기도 하면서, 자기 친구의 남자 친구 얘기를 막 해주더라구요. 너무 달콤한 얘기를 너무 많이 해줘서 되게 부럽다면서 그런 얘기를 하길래 "그럼 너가 그 친구의 남자 친구 뺏으라"고 그러니까 "에이, 친구 남자 친구를 어떻게 뺏냐"고 그러는 거야.

"야, 골키퍼가 골키퍼 있다고 공 안 들어가는 거 아니야. 얼마든지 빼앗어서 너가 해. 그렇게 달콤한 얘기 많이 해주면 너한테도 많이 해줄 거 아니야" 그러면서 그랬더니만은 "그건 아니야"라고 하면서 그런 말도 하고…. 저도 그런 것도 했지만 나는 신랑보다는 두 딸을 위해서 많이 살았는 거 같애요. 신랑은 어차피 나랑 사는 사람이니까 좋든 싫든 내가 열심히 살아주면은 신랑은 따라오는 거니까. 그래서 내가 한 날은 요리학원을 다닌다고 그랬더니만은 신랑이 "왜 요리학원을 다니냐, 그냥 해 먹으면 되지" [그래서 제가] "나중에 두 딸 시집보내고 그래도 우리 집에 가풍 있는 음식을 내놔야 사위 되는 사람이 좋아하지 않겠냐" 그랬더니만은 신랑이 때려치우라고(웃음). 자기를 위해서 요리학원 다녀줄 줄 알았는데 딸 신랑 맞이하려고 요리학원 가준다니까 "하지 말라"고 그래. 거의 내가 못 베풀었는[해본] 걸 자식인데 베풀어준 거, 줄려고 노력했는 거 같애요.

5
참사 전 신앙생활

면담자   신앙생활은 언제부터 하신 거예요?

지혜 엄마   제가 94년도에 결혼을 해서 왔는데 옆집에 애기 엄마가 성당 다니더라구요, 우리 시댁이 종교가 불교예요. 그래서 성당이나 교회 다니는 거를 안 좋아하더라구요. 그런데 제가 맨날 집에만 있으니까 옆집에 엄마가 성당 다니자고 그러더라구요. 그런데다가 평화의집이 저기 있어요, 할머니들 있는 데요, 거기 빨래하는 것도 가끔씩 데리고 가더라구요. 그래서 집에 있는 거보다 낫잖아요, 그래 다니다 보니까 집에 새댁이 너무 무의미하게 있는 것도 그렇더라구요. 그때 우리 큰애를 배갖고 있는데 너무 무의미하게 있는 것도 그렇고, 책 읽는 것도 그죠? 맨날 책 볼 수도 없잖아요. 그래서 신랑한테 이야기를 하니까, 혼자 있는 게, [고향이] 경상도 쪽이니까, 다 밑에 지방에 있으니까, 위에 있는 형제자매들이 없으니까 맨날 혼자 들어앉아 있는 거예요. 그렇다고 성격이 좋아서 여기저기 쑤시고 다니는 성격도 아니지, 이러니까 본인이 봐도 좀 안 돼 보이잖아요. 집에 오면은 혼자 우두커니 앉아 있고 이러니까, 그런 찰나에 내가 이야기를 하니까 신랑이 다니라고 그러드라구요. 크게 벗어나는[게 아니면] 저기 한도 내에서 다녀도 상관이 없다고 그래서 다녔어요.

그런데 ○○ 놓고, 그 전에는 [첫째] 뱄을 때는 안 다니고 빨래만 하러 다니다가 ○○ 놓고, ○○가 2살 되고 지혜가 배 속에 있을 때 교리를 받았어요. 옆집 엄마가 우리 ○○를 봐주고, 아니면은 ○○를 데리고 가서 교리도 배우고, 그런데 성당에는 교리가 6개월이잖아요. 그러다 보니까 제 나름대로 지혜한테는 공부가 공부 아닌 공부가 된 거예요. 맨날 책상에 앉아서 공부해야 되니까 일주일에 한 번인 데다가, 갔다 오면 성경 공부 숙제 있고 이러면은 하면 이러다 보니까 그래서 그런지 지혜가 남다른 거 같아요, 내가 봤을 때는요. 그런데 부활 시기에 제가 세례를 받았어요. 그렇게 1년을 거의 교리 공부하고 부활 시기에 배 속에서 나올랑 말랑 그랬어요, 지혜가 4월 2일 날 나왔거든요. 그러면은 세례받는 날이 3월 30일이었어요. 그래 가지고 나올랑 말랑 그래서 교리받으면서도 수녀님이 엄청 걱정했어요. 그 뭐지? 나오는 날짜가. (면담자 : 출산예정일이요?) 어, 출산일이 임박해지고 이러니까 그런데 애는 나오지는 않고 교리, 저기 뭐야, 세례받으면 앉았다 일어났다 이거를 엄청 많이 해요, 세례받으면요. 그러면은 앞에서 막 배는 남산만 한데, 애는, 사람은 조그마한데 이 날짜는 다가오는 데다 힘들어하지 이러니까 수녀님이 일어나지 말고 "가만히 있으라" 하더라구요. 그래서 못 받을 세례를 받았어요.

억지로 받아가지고 그때 나올까 말까, 나오는 출산일이 거의 그 시기였어요. 4월 2일이 아니었어요, 30일인가 그 정도였어요. 그래서 수녀님이 더 걱정하는 건데, 했었는데, 다행히도 세례는 받게 해주고 이틀 뒤에 나오더라구요, 애가요.

6

부활 시기에 돌아온 지혜

지혜 엄마   근데 신기한 게 그때 태어났잖아요, 이틀 뒤에 태어났잖아요(울음). 그런데 지혜가 팽목항에 갔는데 그때가 또 부활 시기이었어요. 그래서 부활 시기에 애들이 한 명, 한 명 나왔는데 그때 이제 부활 지나고 딱 생각하니까, '아, 우리 지혜는' 내 생각이 그렇게 막 들더라구요. 태어난 게 그 시기잖아요. 이틀 뒤에 내가

지혜 엄마 이정숙

그게 막 돌더라구요, 머리에서요. '아, 우리 지혜', 다른 애들은 한 명, 한 명 나왔는데, 다른 반 애들이 많이 나왔어요. 나도 모르게 내 입으로 주변에 앉아 있는 사람한테 "우리 지혜는 이제 분명히 나올 거야" 나도 모르게 이게 내뱉어졌어요. 근데 그때가 부활 지나고 이틀 뒤에 나올 거라고 내가 추측을 말했는데 진짜로 그날 밤에 애가 나왔는 거 있죠, 그게 너무 신기한 거예요. 다 앞에 반이 거의 나오고 우리 반 9반, 10반은 뒤 반이래서 [배] 안쪽에 있어서 늦게 나온다고 그랬거든요. 그런데 자기 나온 날 딱 그렇게 나오는 거 있죠, 죽었는데도. 하느님을 되게 원망했어요. 그때 내려가서부터 지혜 나오기 전까지, 신부님한테도 세상에 하느님이 이렇게 하는 경우가 어디 있냐고, 얼마나 열심히 믿고 얼마나 열심히 살았는데 (눈물을 훔치며) 이렇게….

솔직히 우리 지혜는 살아 있을 거라고 생각했어요, 되게 운도 좋은 아이고. 내 마음으로는 하느님을 열심히 따르고 열심히 살았기 때문에 다른 애들은 모르지만은 지혜만큼은 어느 산골에 아니면은, 동네 어민들이 구해줬을 거라고 장담하고 있었거든요. 그런데 하루 이틀 지나니까 '이게 아니구나' 싶은 생각에 그랬는데 다행히도 내가 예상한 날 딱 나왔어요. 그 전까지만 하느님이 밉고 그러다가 우리 지혜를 만나는 순간 나도 모르게…. 지혜가 자는 듯이 나왔어요, 진짜로 천사가 자는 것처럼 어디 상처도 하나도 없이. 목선이 금방 자는 아이처럼, 상처 하나 없이, 목선이 금방 살아 있는 살아 있다가 금방 간 애처럼 입술만, 손만 불어 있구요. 그러다 보니까 나도 모르게 (눈물을 훔치며) 하느님한테 감사하다, 고맙다 라[는] 죽은 애가 왔는데도 감사하다는 말 나오는 게, 내가 그동안 에 욕을 하나도 못 했는데, 지혜를 보는 순간 욕이 나와가지고 나 도 모르게 내 입에서, 그 넓은 데서 "개새끼들 다 나오라고, 왜 우 리 애를 이렇게 만들어놨냐고" 한, 그랬어요(울음). 내[가] 성당을 못, "언제 믿었냐"고 얘기했죠?

7

참사 후의 변화와 그에 대한 심경

면담자   네, 세례 얘기까지 하셨어요.

지혜 엄마   네, 그래서 그때 세례받았어요, 지혜를 배 속에 임신 한 채로. 그 날짜에 안 맞고[나오고] 세례받고 딱 이틀 쉬었다가 나 오더라구요. 94년도 해서 저 나름대로 신앙생활 하면 애들한테 좋 을 거 같아서 두 애들도 다 같이 세례받고 그러면서 계속 냉담 한 번 안 하고, 내가 열심히 신앙생활 하면서, 내가 봉사하면서 살면 은 우리 애들도 분명히 예쁘고 착하게 잘 자라줄 거라고 그런 마음 으로 살았어요. 그러면서 기도생활 열심히 하고 이러면은 내한테 는 어떤 고난도 안 올 거라고 생각했어요. 그리고 그 힘으로 우리 애들은 예쁘게 시집 잘 보낼 수 있을 때까지 잘 살 줄 알았죠. 매일 아침마다 우리 애들을 위해서 기도하고, 그리고 많이는 봉사는 안 했지만 내가 열심히 봉사하면 그게 다 우리 두 딸한테로 갈 거라고 생각했어요, 저는요. 그런데 내가 너무 그런 쪽으로만 생각해서 그런지 하느님 믿었는 게 더 배반스럽다고 그럴까요? 내가 이렇게 하면은, 우리 아이들만 잘 자라게 해주면 된다고 생각, 너무 믿고 있었다고 그럴까? 하여튼 그렇게 살았어요, 저는 너무 세상을 모르고 살았는 거 같애요.

부유하게는 안 살았지만은 내가 최선을 다하면은 어떤 고통도, 다 우리 애를 막아줄 거라고, 내가 힘들게 살아서 우리 애들만큼은 고통 없게⋯. 그 전에는 이런 세상인지 몰랐어, 진짜로. 부모가 다 감수[하고] 감내하면은 [아이들은 다 잘될 줄 알았어요]. 그리고 우리 부모도 그 말을 했거든요. "엄마, 아빠, 부모만 열심히 잘 살면은 애들한테 그게 다 간다"고, "남한테 애꿎게 안 하고 베풀고 살면은 자기 자신한테만큼은 그런 해가 안 갈 거라고" 그랬어요. 우리 부모도 그랬고 나 또한 내 자식한테 그렇게 살면은 될 거라고 생각하고 살았는데, 내가 이걸 당해보니까 "참 우물 안에 개구리처럼 살았다"라는 생각도 들고⋯. 집회하는 거나 어렵게 사는 사람 실정도 몰랐고, 내 주위만 이렇게 보고 어려운 사람 있으면은 도와주면 된다고 생각하고 살았는데 (한숨 쉬며) 그래서 이런 생각 저런 생각 다 들죠. '좀 크게 눈을 뜨라고 내 자식을 뺏아갔나' 싶기도 하고 오만 생각이 다 들죠.

지혜 보내놓고 나서 우스갯소리로 맨날 그러죠. "지혜 덕분에 내가, 지혜야 국회도 가보고, 서울도 안 가는데 너 때문에 허구한 날 눈만 뜨면은 서울도 가고, 광화문도 가고, 청와대도 가보는구나" 하고, "내가 지혜 아니면은 이런 데 어떻게 가겠나" 지혜한테 말을 하죠(울면서 웃음). "너 때문에 별 구경도 다 하고 사는구나", [너] 아니면 맨날 집, 애들, 성당 이거밖에 모르고 살았는데 "온 나라를 다 뒤집고 다니게 되는구나". 저는 광주 같은 데도 몰랐는데, 광주라는 데[가 있다는 거]만 알지…. 법원을 가봤어요? 제가 어디를 가봤[겠어요]. 그런데 이 사건으로 인해서 법원도 가봤지, 국회 안에 가서 밥도 먹어봤죠, 오줌도 싸봤지, 경찰 앞에 가가지고 시위도 해봤지. 나를 키워주려고 우리 딸을 뺏아갔나 싶기도 하고, 더 큰 일을 하라고. 그런 생각도 하다가 '그런 게 무슨 소용이 있어 딸이 더, 더 옆에 있어야지' 하면서 이랬던 생각도 하고 저랬던 생각도 하고, 욕도 막 하게 되고. 지금 생각하면 전 너무 많이 변해 있는 내 모습이 어떨 때는 놀라워요(울음). 어디 가서 말 한마디 못 하는 게, 이제는 남 앞에 가서 욕도 하고 부끄러움도 없어졌는 거 같기도 하고, 내가 왜 이렇게 바뀌었나 싶기도 하고, 깜짝깜짝 놀랄 때가 너무 많아요.

그래서 예전처럼 돌아가고 싶기도 한데, 성격을 못 이기는 거 있죠? 다시 다소곳해지고 얌전한 사람으로 돌아가고 싶은데 나도 모르게 사람들 앞에 가서 소리 지르게 되고, 욕도 막 하는 모습이 너무 많이 멀리 와 있는 느낌이 드는 게, 뉴스를 봐도, 안 보고 욕을 하면서 보는 게 어떨 때는 큰애한테도 미안하기도 하고. 근데 그 입을 다물 수가 없게 되더라구요, 안 되더라구요. 참아야 되는데 험악한 말을 막 하는 거 보니까 '이렇게 바뀌었을까, 내가 왜 이렇

지혜 엄마 이정숙

게. 어린 나이가 아니고 오십이 넘어서 이렇게 살아야 되는가' [싶더라고요]. 오십이면 안정권에 들어올 나이잖아요. 그런데 안정이 아니고 잘 살아도 시원찮은데 이렇게 자꾸 험악한 사람으로 바뀌어가야 되고 성질이 괴팍해져 가야 되는 게 너무 (한숨을 내쉬며) '고쳐야지' 하면서도요, 그게 안 돼 안 돼. 이제는 바뀐 성격이 어떻게, 그래서 많이 요즘은 될 수 있으면 말을 안 하려고 아끼는 편이에요. 말만 하면은 좋은 말이 안 나오고, 남의 하는 말하게 되고 참지를 못하는 [성격으로] 바뀌었더라구요. 싫으면 싫다고 표현을 해야 되는, 그렇게 뭐라 할까, 돌진적이라고 할까? 앞뒤 생각 안 하고 나오는 말이 어떨 때는 무서워요. 옛날에는 참고, 참고 이렇게 그랬는 거 같은데 지금은 참는 법도 안 되고, 머리에서 딱 생각해 보면은 입으로 바로 나오는 게 그게 무섭더라구요, 내 스스로를 돌아보면 무섭더라고.

'지금은 조금 고쳐야 되겠다'라는 [생각은] 했는데, 불같은 성격을 [고치는 게] 안 되더라구요, 차분한 기가 없어져 가는 거 있죠? 그게 다듬으면 (눈물을 훔치고 웃으며) 어떻게 차분한 성격으로 갈른는지[가게 될지] 모르겠는데 지금은 옆에 이렇게 살폈는데 지금은, 옆에 있는데도 몰라요. 그냥 한 가지 생각, 오로지 그거밖에 없는 거 같애, 내가 보면은. 이것저것 다 생각하면서 살아야 되는데 오로지 지혜 이렇게 된 것만, 그 생각만 하고 다른 생각을 못 하는 거 같애. 사람은 살면서 이 생각 저 생각도 하면서 살아야 되는데 오로지 내 머리에는 한 가지 생각밖에 안 하고 사는 게…, 그래요.

8

자랑스러웠던 지혜의 모습들

면담자   지혜가 성당에서 반주하고 이러면서 주변에서는 많이 부러워하셨을 거 같아요.

지혜 엄마   네, 내 딸이지만은 되게 늘씬했어요. 저는 조그마하고 이렇지만은, 좋은 조건을, 내가 맨날 하는 말이 엄마, 아빠의 좋은 점만 다 타고난 거 같애요. 정혜신 박사님도 "지혜는 누구 닮아서 이렇게 예뻐?" 그런 말하면 내가 막 "우리 지혜는 엄마, 아빠의 나쁜 점은 하나도 안 닮고 좋은 점만 닮고 태어난 거 같다"고, 내가 봐도 그런 거 같아요. 교복을 입고 이렇게 내가 더 성당에 데리고 다니고 싶어 했는 거 같기도 해요. 가면은 다 "어우, 이렇게 예뻐?" 그러고, 교복 입고 가면은 "교복 모델 하는 애가 왔는 거 같애" 맨 다 듣기 좋으라고 하는 말이겠죠. 그런데 제가 자식 자랑하면은 저희 엄마, 아버지가 팔불출이라고 그래서, 옛날에 그런 고정관념이 있어서 자랑을 잘 안 해요. 그런데 애가 너무 자랑할 게 많으니까 여기까지 [올라와요]. 여기 같이 봉사하는 엄마가 있었어요, 평화에 집에 이제 우리가 일주일에 한 번씩 여기 ××이 엄마라고 있어요. 둘이서 평화의집 저녁 식사 준비해 주고 마무리 다 하고 오거든요. 그러면은 자기도 자기 자식 자랑하고 나도 나 자랑하고 막 그래. 그러면은 그 엄마가 하면 나도 엄청 하고 싶었어요, 솔직히요. 그런데 여기까지 [올라]오면서도 안 해요.

나중에 잘 키워놨는 거 지금은 모를지 몰라도 시집, 장가 잘 가고 잘 사는 거 보면은 잘 키웠다는 게 나중에 보이잖아요. 그때만을 [위해] 참고 자식 자랑을 안 하죠. 그러면은 그 엄마가 아는 거예요. "아줌마, 여기까지 자식 자랑하고 싶은데도 안 하고 참고 있는 모습이 보인다"면서 그 말을 가끔씩 해요. 그런 거 생각하면은 '실컷 자랑하고 살걸, 왜 안 하고 살았나' 싶기도 하고. 그런데 성당에 데리고 가면 사람들이 다 한마디씩 했어요, "아, 예쁘다". 특히 예쁜 얼굴은 아닌데 피부가 백옥 같애요. 그런데다 웃으면은 완전히 내가 맨날 백만 불짜리 웃음이라고 그래요. 웃으면 애가 조금 귀티나게 보이는 게 (웃으며) 내 눈에는 그렇게 보여요. 그래서 웃는 거 보면은 이렇게 힘든 게 잊어진다. 그 정도로 가면은 엄마들이 되게 칭찬을 많이 해주기도 하고. 또 애가 저기를 안 하니까, 이렇게 나쁜 행동 같은 거 안 하고 항상 다소곳하니까 다 예뻐는 했죠. 그런 맛에서 내가 더 같이 다니고, 데리고 다니려고 했는 거 같애요.

신부님도 되게 엄하신 분이었는데, 가고 나니까 더 못 해줬는 거에 대해서 그러시더라구요. 지혜가 갔는 애들 중에서는 제일 많이 열심히 다니고, 반주 나가니까 신부님이 아시니까 (한숨 쉬며) 안타까워, 간 다음에 열심히 못 해준 거에 대해서 자꾸 후회하시면서 그러시는데, 편지도 써주시고 낭독하시고 하기도 했었어요, 미사 때요. 너무 안타까워하는데 (침묵) 그래서 성당에서 반주하고 이러면은 일 년에 부활[절]하고, 크리스마스 때하고 두세 번은 저기가 나와요, 책 사 보라고 도서 문화상품권을 줘요. 그런데 그런 것도 참 예뻤어요. 예술의 전당에서도 무대 섰다고 돈도 좀…. 걔는 되게 신기하게 그런 게 좀 많이 생기더라구요.

우리 지혜 유치원 다닐 때만 해도 십몇만 원이었어요, 유치원비가요. 그래서 그때 나라에서 보조해 준다고, 처음이었었어요. 그런데 동사무소에서 혜택받으려면은 서류 같은 게 내는 게 있었어요. 그런데 그때 서류해 오라는 데서 아빠 월급 3개월분 치를 몇 월, 몇 월 딱 집어주면서 떼어갖고 오라고 그러더라구요. 그런데 그때 ○○ 아빠가 회사가 어려워서 월급을 조금밖에 안 타왔는 달이었었어요. 그래서 그런 거 서류 내고 이렇게 했는데, 그때가 처음이기 때문에 되게 심사가 심했어서 어려웠어요. 그런데 딱 내고 갔는데 얘가 당첨이 된 거예요. '면제' 이렇게 나와요. 유치원비가 나오는 게 있더라구요. 그래서 몇천 원만 내면은 되는 거야. 그런 운도 잘 타고, 자기 나름대로 그런 거 떼어서 또 돈도 좀 타 오고, 성당에 반주해 가지고 문화상품권도 타 와요.

그런데 그런 걸로 활용을 하는 거예요. 내가 굳이 옷 안 사줘도 지가 "문화상품권으로 인터넷 들어가 가지고 옷 같은 거 사도 되냐?" 이래요. "그래, 니가 벌었으니까 니가 얼마든지 사 입으라"고, 그걸 안 뺏고 그러면은 지가 인터넷을 여기저기 쑤셔서 가방하고 이런 거 찾아요. 그러면 같이 찾아서 꼭 자기 마음대로 안 골라요. 엄마한테 몇 개 이렇게 집어놓고 "엄마 내가 이거 몇 개 몇 개 골라 놨는데 엄마가 봐줘" 이러면은 같이 지도 맘에 들고 나도 마음에 드는 거를 항상 고르더라구요. 언니는 자기랑 취향이 다르기 때문에 언니 거는, 언니도 반주했거든요. 반주해 가지고 둘이 받아 오는 게 1년에 두세 번이지만은 괜찮았어요. 옷, 인터넷 옷은 좀 싸잖아요. 그래서 지들 옷 사 입고, 가방 사고 그래 가지고 많이 도움이 됐죠. 그래서 그런 것도 고맙고, 자기 나름대로는 되게 알차게 사는 거, 딸이지만은 버릴 게 없었는 거 같아요.

9
참사 이전 직장생활과 정치관

면담자　아이들 중학교 때부터 오전에 하시는 일을 다니셨다고 하셨는데, 결혼 전에 하셨던 일은 어떤 거고, 나중에 하셨던 일은 어떤 거예요?

지혜 엄마　아뇨. 처녀, 아가씨 때는 유치원도 좀 있었, 유치원도 아니고, 교육 교사자격증이 없어서 미술학원 같은 데 좀 있다가, 판매직도 있다가 그랬어요. 그랬는데 그걸 못 써먹지. 아가씨 때 많이 결혼, 스물아홉에 결혼해 가지고 거의 십몇 년을 안 다녔잖아요. 그러니까 아줌마들이 직장 다닐 만한 곳은 없어요. 그렇다고 내가 컴퓨터 자격증 있는 것도 아니고, 그래봤자 사십몇, 거의 초반에 직장 다닌 거죠. 구하기가 쉽지 않죠. 여기저기 해봤지만은 빠꾸[거절]당하고 이러다 보니까, '돈만 주는 데면은 어디든 갈 수 있겠다' 싶어서 아는 엄마가, 고향 사람인지 몰랐는데 여기 와서 사귀었어요, 언니예요. 그 아저씨[남편]가 사업을 하니까, 자동차 부품 부업식으로…. 그 대신 그동안에 집에서 부업을 많이 했죠. 넥타이도 꿰매고, 큰돈은 아니래도 애들 간식이나 과자 사줄 정도는 계속 벌었어요, 애들 키우면서도. 단지 엄마가 집에 있다라는 것만 좋은 거지, 중학교 들어가니까 애들이 기본적으로 3, 4시 되면 오잖아요. 그래서 '오전에는 돈 벌어서 그래도 애들한테 먹고 싶은 거나 실컷 사주자' [한 거죠].

그 전에는 아빠 월급이 안 많아서 나는 내 나름대로 아껴 쓰면서 애들 해주면서 해가지고 헤프게 쓰지는 않았어요. 그래서 그런지 애들이 되게 돈에[돈이] 귀한 것도 너무 잘 알고, 잘 알아서 고마웠죠. 그런데 부품 회사예요, 일 있을 때도 있고 없을 때도 있는데, 나도 운이 좋게 일을 안 해도 돈을 주는, 그 사장님이 신경 써서 주고 그랬어요. 그래서 거의 오전에 많이 했어. 오전 1시나 어쩔 때는 일이 있으면 3, 4시까지만 하긴 해요. 그러면은 애들한테 얘기하죠, "엄마 간식 만들어놓고 왔으니까 집에 와서 먹고" 그러면은, 그게 처음에는 말 잘 들었는데 가끔씩 많이 늦게 오면은 지혜가 뺑뺑 돌다 오더라구요, '엄마 없다'라고 생각해서 그랬는지. 그래서 지혜가 그걸 몇 번 하더니만은 얘기를 하더라구요. 지혜가 "엄마, 엄마가 집에 없으니까 집에 안 오고 싶고, 간식도 맛이 없고, 혼자 먹기 싫어" 이러더라구요(울음). 그래서 내가 "알았다"고, "될 수 있으면 집에 온다"고 그랬어요. 그래서 일이 있으면 사전에 얘기하면 "알았다"고 지도 이해하고 나도 하고 그러긴 하죠.

그런데 신기하게도 내가 성당에서 늦고 이러면은 더 이상 말을 안 하더라구요. 직장에서 늦으면은 "왜 이렇게 늦어. 빨리 와" 하고 막 그랬는데, 성당 갈 때는 "응, 알았어, 엄마. 내가 집에 먹고 있을게". 거의 이탈하지 않고 잘 왔다 갔다 애가 잘 따라준 거 같애요. 집에 올 시간 되고 이러면은, 안 오면은 걱정하잖아요. 거의 엄마들이 보면 집에 올 시간 되면 전화도 해보고 그러잖아요, 집에서요. 그런데 그런 걱정은 안 끼쳐주고 나름대로 학교생활도 열심히 해주고, 공부도 뛰어난 성적은 아니래도 반에 몇 등 갈 정도로 하는 거 보면, 학원 안 보내줘도. 그런데서 행복을 느끼는 거죠, 난, 엄마는. 막 다른 애들이랑 놀러 다니고 막 이러면은 그것도 엄마의 걱정거리잖아요. 막 애들이 다 나쁘다고 해서 저런 게 나쁜 게 아니고 엄마 말 잘 따라주고 일탈하지 않고 그죠? 학교생활 열심히 해주는 게…. 그래서 거의 오래 다녔어요, 계속 다녔어요, 저도요. 늦게까지 안 해도 되니까, 애들 올 때 되면 오고, 이래 그 시간이 너무 좋아서 힘들어도 지혜 갈 때까지는 다녔어요.

면담자   이전에 투표는 하시는 편이었어요?

지혜 엄마   투표는 안 빠져먹었죠, 투표는 계속 기본적으로 해야 된다고 생각하니까. 저는 기본은 지키고 살았어요, 그래도요. 어디까지 기본인지는 모르지만 지킬 거 지키고, 신앙생활, 지킬 거 지키면서, 길거리에 쓰레기 안 버리면서 기본은 지키고 살았죠. 애들 자체도 그런 게 교육이라고 생각하고, 이탈하는 부모 같지 않게 '애들 앞에서라도 착하게 살아야 되겠다' (웃으며) 보이기 위한 행동도 많이 했어요. 딸 앞에서는 이런 거 하면 나쁜 행동이니까, 부모로서 좋은 모범의 부모가 되려고 속마음은 안 그래도 애들 앞에서는 모범적인 부모가 되려고, 내가 모범이 되어야 애들도 그죠? 모범이 되듯이 신랑도 그렇게 모난 사람이 아니에요. 그냥 좋은 게 좋고, 그래 살다 보니까 애들도 가끔씩 상을 타가지고 와요. 생각지도 않게 그런 상을 타가지고 오면은 ○○ 아빠가 가끔씩 그 말은 해요. "우리는 이런 상 별로 안 반가워" 이러지요. 우리가 기본을 지키고 살다 보니까, 착하면 안 된다고 그러잖아요, 요즘은요. '내 할 말 하고, 싸울 때 싸우고 이렇게 살아야 된다'고 말 많이 하잖아요, "나쁘게 살아야 오래 산다"고 이런 말. 애들도 그런 상 타가지고 오면은 아빠가 "이런 상 별로 안 좋은 거야" (웃으며) 그러고.

10
수학여행 준비 과정

면담자   수학여행 관련해서 처음에 어떤 이야기 들으셨는지 기억나세요? (지혜 엄마: 수학여행이요?) 준비 과정에서요.

지혜 엄마   준비 과정이요? 수학여행, 얘가 IMF 때 태어났잖아요, 우리 애들이. 그래서 어디 여행 가는 거는, 학교에서 가는 거는 별로 없었어요. 그런데 우리 지혜 같은 경우는 합창부를 하다 보니까 놀러를 많이 다녔어요. 그리고 성당에서 어디 활동하러 1박 2일 이런 거는 많이 다녔어요. 그래서 학교에서 가는 거는 초등학교 때는 바이러스 균 때문에 못 갔고, 몇 박 며칠로 가는 거는 거의 한 번

지혜 엄마 이정숙

인가 두 번밖에 없었는 거 같애요. 그래서 컸잖아요. 알 거 다 알 때 되어가지고 수학여행 가니까 너무 좋아했어요. 솔직히 우리 지혜는 그 전에도 제주도는 두 번인가 갔다 오긴 했어요, 합창부에서 합창 대회 때문에. 그런데 제주도, 성인이 되어, 성인이라기보다는 알 만한 때 가니까, 친구들이랑 가니까 신나가지고. 얘가 그 뭐라하노, 반장이 아니고 춤추는 거 대회 그런 걸 잘했어요. 매번 행사 때마다 춤추거나 이런 거를 많이 해요. 요번에도 그런 [데] 가가지고 행사에 몇 명이 춤추나 보더라구요. 그래서 주말마다 요기 앞에 올림픽기념관 가서 친구들이랑 만나서 춤 연습해요. 춤 연습하고 하다 보면 친구들이랑 놀다 보면 시간이 늦잖아요. 그러면은 여기 춤 연습하고 일요일 같은 경우는 반주하러 가야 돼요.

그게 맨날 친구들하고 많이 못 노는 거죠, [성당의] 제대 차려야 되면은 좀 일찍 가고 "너 시간 맞춰서 와" 이렇게 [하고]. 한번은 나는 먼저 가서 제대 차리고 얘가 시간이 됐는데 안 오더라구요, 그래서 내가 전화도 하고, 그거는 약속과 약속이기 때문에 그리고 얘가 없으면 반주할 사람이 없잖아요, 미리 대타로 심어놓은 것도 아니고. 이런 사정이 있었으면은 다른 사람이나 미리 해놨어야 되는데, 미사 시간 다 됐는데 막 얘가 안 와가지고 걱정이 되어서 계속 전화하고 그랬더니만은 지도 놀다 보니까 시간이 어떻게 되었는지 모르고 부랴부랴 버스 타러 왔는데 버스가 안 오는 거예요, 그래가지고 한번 그렇게 당황한 적이 있고. 이렇게 신부님 옷 입고 나올 찰나에 얘가 딱 들어와 가지고 그나마 저거[문제]는 없었는데,

51
•
1회차

그런 때도 있고 그래서 여기 앞에서 매번 수학여행 간다고 연습 많이 하고 그랬어요. 한번은 친구 ××이라고 있어요, ××이. 남자 친구인데, 그 백일 기념인가 한다고 자기네들끼리 저걸 만들었나 봐요, 뭐라 하노, 해가지고 보여주려고. 남자 친구 앞에 앉혀놓고 자기네들 네 명인가 다섯 명 춤춰준다고, 그것도 중앙동 한복판에서 그렇게 하는 거예요, 그것 찍은 것도 있고.

그 전에는 그런 거 해주고 "엄마, 점심 얻어먹었어" 이렇게만 했었거든요. 근데 그 춤췄는 걸 안 보여줬어, 어디에서 했다라는 얘기도 안 해주고. 그런데 나중에 가고 나니까 ××이 엄마가 보내줬더라구요. 중앙동 한복판에서 남자 친구 하나 세워놓고 여자애 네 명인가 춤추는 거, 그런 것도 하고 학창 시절을 나름대로 재미있게 보내는 거 같더라구요. 공부 잘하는 애들보다 왜 노래 잘하고 춤 잘추고 이런 애들 인기 많듯이, 지혜도 노래방 가고 이러면은 노래를 많이 좋아해요. 언니가 태연이를 되게 좋아해요, 소녀시대 태연이 열혈 팬이래서, 왕팬이래서 태연이 CD 나올 때마다 사요. 언니가 소녀시대에 대한 거는 다 알아요. 그러다 보니까 지혜도 자연적[으로] 소녀시대를 윤아를 좋아하게 되어가지고 걔들 춤추는 거면, 언니하고 요 거울 앞에 서서 춤도 하고, 언니는 못 추면서 눈은 있어가지고, 보여주면서 CD 보여주면서 이렇게 춘다고 그러면 지혜는 그걸 바로 습득해요. 그래서 친구들 앞에 가서 추고 이래서 인기가 좀 많게 했어요. 우리 지혜가 예능 쪽으로 좀 뛰어나더라구요.

그래서 저 거울도, 여기 이사 온 지가 우리가 지혜 유치원, 7살

때 왔어요. 그때부터 춤추고 이런 거를 되게, 나도 그런 거 되게 하고 싶은데 나는 몸놀림이 안 돼요, 노래도 안 되고. 나는 엇박자로 잘 나가고 춤도 잘 안 돼요. 그런데 내 딸만큼은 그런 거를 뛰어나게 해주고 싶어서, 어디 놀러 가도 마이크 잡는 게 두렵지가 않잖아요. 오늘 계속 그 얘기 나오는 거 같은데 (웃으며) 내가 못 한 걸 내 딸한테는 어떻게든 해주고 싶은 거예요. 걔가 잘 따라주면은 좋은 거고, 안 따라주면은 어쩔 수 없는 거고. 내가 아가씨 때나 학교 때 학창 시절 때 못 해가지고 거의 존재감이 없는 애다 보니까 우리 애들은 그렇게 키우면 안 되겠다 싶어서 뭐든지 다 할 수 있는 아이로 키우고 싶었어요, 욕심에. 그러다 보니까 지혜가 그렇게 하니까, 춤추는 거 좋아하니까, 보고 추라고 저 거울도 그렇게 해줬는 거거든요. 그런데 저기 앞에 가서 잘해요. 추는 거 보면 나도 모르게 웃음이 나오고 그래서 웃는 거예요, 같이.

　나는 안 되지만, 그 애의 눈높이에 맞춰서 같이 음악 틀어놓고 춤추고, 그래서 춤은 잘 춰요. 그런데 아까 수학여행 가는 거 (웃으며) 자꾸 이쪽 얘기도 해야 되고 저쪽 얘기도 해야 되고. (면담자 : 자유롭게 이야기해 주서도 돼요) 네, 그래서 체육대회나 이럴 때도 보면은 춤 같은 거 잘 춰서 잘 나갔어, 그런 걸로요. 피아노 치는 거나 노래하는 걸로는요. 계속 주일만 되면은 저 앞에 가서 연습하고 그래서 준비를 나름대로 열심히 하면서 옷을, 또 동물 옷을 입어야 된대요. 왜 그걸 살려면 돈이 비싸잖아요. 그런데 사달라 소리를 안 하더라구요. 나는 어차피 거기 갔다 오고 하면은 입을 저기 없잖아요. 잠옷으로 입는다고 그러긴 하는데, 그거 살라면은 3, 4만 원 2, 3만 원 줘야 되는 거 같더라구요. 그런데 엄마가 사달라고 하면 안 사줄 거 같으니까 사달라 소리는 안 하더라구요.

그거 입는 줄도 몰랐고, 솔직히 몰랐는데 성당에 친구가 되게 친한 친구가 하나 있어요. 가고 나니까 그 애가 그 말을 하더라구요, 그거는 나중에 얘기하구요. 지 나름대로 동물 옷을 가져가야 되나 봐요, 몇몇이 춤추는데 맞춰 입기로 했나 봐요. 색깔하고는 상관없이 동물 옷을 입어야 된대. 그래서 어떻게 구했나 봐요, 전날 구해가지고 왔더라구요. 수소문해 가지고 그런데 봤는데 크다고 그 말은 하더라구요. "엄마, 이거 빌렸는데 좀 커" 이러더니만은, 다른 데 알아보더니만은 다른 애가 지랑 사이즈 비슷한 애가 주기로 했나 봐요. 수학여행 가는 날, 당일 날 주기로 했나 봐요, 그래서 그거 챙겨 가고…. 그 성당에 친구가 그 말을, 가고 나서 그 엄마가 나한테 말해주더라구요. "걔한테 동물 옷 있냐?"고 전화가 왔는데 애도 없으니까 "없다"고 그랬더니만은, 그랬다던데 애가 뭐라 그랬다고 했다는데 "못 빌려줘서 미안해" 그랬다던가, 지혜가 뭐라 그랬다고 했다던데 "아냐, 없는데 내가 달라고 해서 미안해" 그랬다던가, 하여튼 지금 생각이 안 나는데 그런 말했다고 그러더라구요. 동물 옷 때문에 구하는 데 조금 힘들어하더라 하면서 그 말(울음).

그게 뭔지… 안 사줘 가지고 그거는 후회되기는 했는데, 다행히도 수학여행 가는 날 언니하고 둘이 옷을 같이 사 입어요. 그런데 맞는 거는 같이 입고 자기 타입이 아닌 거는 언니는 언니대로

지혜 엄마 이정숙

입고 얘는 얘대로 입어요. 그러면은 요 옷걸이에 이렇게 걸어놓으면은 둘이 알아서 바지는 같이 못 입는데 위에는 이렇게, 딱 맞게 안 입고 비슷하게 헐렁하게 둘이 다 입어서. 그런데 언니는 그때가 대학교 1학년이라서, 언니가 학교를 저쪽 나가서 해서[다녀서] 옷을, 일주일에 4일은 자고 오니까, 4일 입을 치를 가져가면은 우리 지혜가 입을 옷이 몇 개 안 돼요. 얘는 교복 입고 다니니까, 그렇게 옷을 평상복이 안 많아도 괜찮아 가지고, 둘이 입다 보니까 몇 개 몇 개 걸어 가버리면, 4일 거를 걸어 가버리면은 지혜가 입을 게 그만큼 줄어들잖아요. 그런데 수학여행 가야 되는데 옷이 없는 거예요. 그래서 내가 '그거는 잘했다'고 생각이, 후회가 좀 덜 드는 게 그 전전날 "엄마가 옷 사줄게 가자" 그랬어요.

갔는데, 선부동에를 갔어요. 저녁에 가가지고 선부동엘 갔어요. 차라리 저쪽에 큰 데를 갔으면 괜찮은데 선부동도 괜찮은 게 많을 거 같애 가지고 갔는데, 몇 군데를 다녔는데 지혜 맘에 드는 게 딱 한 개밖에 없더라구요. 그래서 내가 "지혜야 한 개만 고르지 말고 니 사고 싶은 대로 사"라고, "사 봤자 10만 원 넘겠어? 내가 10만 원 안쪽으로는 사줄 테니까 그냥 고르라"고 [했어요]. 옛날 같으면은 "몇 개만 골라" 딱 그랬을 건데 그때는 내가 "니가 골라봤자 10만 원 넘게 고르겠어? 10만 원 안쪽에 고르면 돼. 고르고 싶은 대로 다 골라" 그랬는데 얘 맘에 드는 게 거기서는 한 개밖에 없어요. 그래 옛날 같으면 "집에 가자. 나, 엄마 피곤해. 힘들어" 그랬을 건데, 다행히도 한 개밖에 없다 그래[서] "그래? 그러면은 우리 저기로 가자,

더 큰 데로. 중앙동으로 가자, 중앙동에 더 많으니까" [하고] 택시 타고 중앙동으로 가서, 선부동에서요. 그래 가지고 여기저기 골라 가지고 몇 개를 사가지고 왔어요. 그게 '잘했다'라는….

보내고 나니까 내가 안 해줬으면 한에 남을 거 아니에요. '그래도 화 안내고 내가 중앙동까지 와가지고 지 사고 싶은 옷 사서 수학여행 보냈는 게 다행이다' [싶어요]. '내가 한 개만 사가지고 힘들어 못 가[고], 그리고 집에 왔으면 내 마음이 어땠겠나' 싶은 게 다행히도 중앙동까지 가가지고 몇 개 사가지고 와서 그나마 마음이 덜 아픈 거죠, 그거는. 그렇게 보내[게 될 줄], 갈 줄 알고 그랬는지 그거는 모르겠는데, 항상 옷 사러 가면은 나 데리고 가요. 그때도 비싼 것도 못 고르고, 될 수 있으면 싸면서 자기 스타일에 맞는 옷 고르느라고 몇 군데를 다니긴 다녀요. 좀 고르더라구 옷은 애가, 어차피 지가 입는 거니까. 마음에 들어야 되니까 좀 비싼 거 사라고 해도 적당선에서 딱 사고, 파카 같은 거는 [가격이] 쎈 거 사야 오래 입을 거 같애서, "니 사고 싶은 메이커 사"라고 사주면 쎈 거 골라요. 그러면은 몇십 만 원짜리 사면은 카드로 내가 계산, 이렇게 하면은 그냥 일시불 하거든요.

그러면은 지 딴에는 비싼 거 사줘서 고마워서 그러는지 나오면서 아양을 떨어요(웃음). "엄마, 되게 멋있다. 부잣집 마님처럼 '일시불요' 하는 게 너무 멋지다"고 그런 말 해주면 내가 으쓱해서 "그래" 그러면서, 그게 별거 아닌 거 같아도 자식이 엄마를 믿어주고, 자기가 엄마 기분 좋게 해주려고 그렇게 해주는 말이 그래요(눈물을 훔치며 한숨). 다른 애들은 당연히 받아 입는 걸로, 부모가 사주면 당연히 사주는 걸로 알고 있는데, 얘는 그런 말로 나 기분 좋게 해주려고 "부잣집 엄마같이 '일시불요' [하는 게 멋지다"]고 이렇게 막 하는 게, 마음도 넓은 거 같기도 하고, 어떻게 내 속에서 낳은 애가 저런 게 나왔나 싶기도 하고, 그런 생각을 많이 하게끔 애가 행동을 했어요. 미안해서 내가 더 해주게끔, 졸라서 해주는 거보다 지가 스스로가 알아서 "필요 없어. 엄마" [그리고]. 학원도 내가 초등학교 때 수학 이런 게 쭉 가르치다가 안 돼가지고 보냈어요, 수학 같은 것도요. 그러다가 "엄마, 내가 그냥 할게" 이래 가지고 초등학교 때 5, 6학년 때 다니고 중학교 와서는 안 다녔어요, 지 나름대로 하더라구요. 하는데도 성적이 운이 좋아서 희한하게 쓰면 다 맞는 거예요.

그게 걔가 신기해 가지고 와서 나한테 자랑을, 시험 끝나고 오면은 오자마자 그걸 자랑하는 거예요. "엄마, 이거 몰라서 그냥 썼는데 맞아" 이렇게, 그게 엄청 많아요. 그래서 서술형도, 큰애는 서술형을 거의 못 맞췄는데 작은애 같은 경우는 쓰면은 쓰기만 하면, 서술형이 기본으로 네, 다섯 개 나오잖아요. 그런데 대충 썼다 그러는데 다 맞는 게 자기도 놀라워서 나한테 와서 오자마자 얘기해주고, "이거 고쳤는데 엄마, 이게 맞았어" 이렇게 그런 운이 잘 걔도 잘 따른 거 같아요. 그래서 학원 안 다니고 잘 다녔는데, 고등학교 1학년 때는 학원 안 다니고도 성적이 잘 나왔는데, 고2가 되니까 수학이 힘드는 거 같더라구. 다른 과목은 그냥 하면은 점수가 나오니까, 수학이 안 되니까, 우리 집 애들이 수학이 약해요. 지 딴에는 잘[하는] 애한테 가서 물어보고도 하고 막 했대요, 1학년 때. 그러면서 수학이 딸린다고 하더라구요. 그래서 내가 2학년 때 "그러면은 엄마가 수학학원 보내줄게. 너 학원 알아봐", 알아보라고 2학년 때는 학원 다니라고, 어려워서 안 된다고 수학은.

영어는 선생님이 와서 과외 하니까, 영어는 내가 그게 좀 기초가 다져져야 하기 때문에 어릴 때부터 좀 가르쳐가지고, 영어는 좀 잘하더라구요. 그래서 선생님이 일주일에 한 번씩 와서 봐주면은 점수는 잘 나오더라구. 영어는 그런데 수학이 영 안 되더라구요. 그래 자기 나름대로는 친구들한테, 잘하는 애한테 묻고 묻고, 그것도 한계가 있잖아요. 묻는 것도 남자애인데, 특수반이 수학, 영어는 있어요. 그러면은 남자하고 짝꿍 될 때 남자한테도 묻고 하더라구요. 그런데 2학년 때 되니까, 많이 어려워지니까 그 얘기를 해가지고, 그러면은 학원 보내줄 테니까 학원 알아보라고 그랬더니만은 "알았어, 엄마, 1학기 때 시험 한번 쳐보고 얘기한다"[고] 하더라고요. "중간고사 쳐보고 그래 알아본다"[고] 그러더라구요. 그랬는데 2학년 때 [수학여행] 갔다 와서 중간고사거든요. 그런데 못 본 거죠. 갔다 와서 시험 보고 성적이 안 좋으면 학원 다닌다고 그랬는데 못 다닌 거지 결국에는. 시험, 수학여행 갔다 와서 중간고사 봐야 되는데, 중간고사를 못 본 거죠(한숨).

면담자　　　　오늘은 여기까지 할게요. 2시간 가까이 얘기하셔서 목이 아프실 거 같아요.

지혜 엄마   그래서 목이 타는 거 같아요. 2시간 넘었어요?

면담자   네, 오랜 시간 너무 감사드립니다. 수고 많으셨어요.

2회차

2016년 3월 17일

1

시작 인사말

면담자   본 구술증언은 4·16 사건에 대한 참여자들의 경험과 기억을 기록으로 남김으로써 이후 진상 규명 및 역사 기술에 기여하고자 합니다. 지금부터 이정숙 씨의 증언을 시작하겠습니다. 오늘은 2016년 3월 17일이며, 장소는 안산시 이정숙 씨 자택입니다. 면담자는 김향수이며, 촬영자는 이예성입니다.

근황

면담자   저희가 지난주 목요일에 만나고 일주일 만이잖아요. 그동안 어떻게 지내셨어요?

지혜 엄마   일주일이 금방 지나간 거 같아요, 요일 요일마다 할 일이 정해져 있으니까. 그날도 마치고 공방 저거라서, 공방 지킴이예요. 공방도 지킴이 반이 돌아가면서 해서 지킴이도 하고, 서울도 올라가 갖고 월요일 날 기자회견 하고 내려오고, 그날 당직이여서 당직하고…. 그날은 많이 바빴어, 오전 회의 들어갔다가 하루가 엄청, 12시까진 바빠. 밤 12시까지는 반 당직 서고 그다음 수요일은, 어제 수요일이었잖아요, 그죠? 피켓[팅] 교육청에, 어제 같은 경우에는. 우리 반 민정이 아빠가 동거차도 들어가 있어요. 그래서 운전할 사람이 없어 가지고, 맨날 운전해서 갔던 사람인데 세 명이 활동하니까, 우리 반에서는 민정이 아빠가 운전을 안 해주면 운전을 해줄 사람이 없거든요(웃음). 그래서 운전자 구하니라고, 정인이 아빠가 해주면 좋은데 정인이 아빠도 "일이 있다" 그러지, 여기저기 전화했더니만 다 아픈 사람이 그렇게 많더라구요. 그러다 보니깐 진짜로 해줄 사람이 없어서 끝에는 어쩔 수 없이 수녀님이 저녁에 당직하는데 잠깐 얻으러, [뭐] 빌리러 왔다가 갔는데, 수녀님이 생각나서 수녀님한테 전화해 갖고 수녀님 보고 "운전 좀 해줄 수 있나" 이랬더니만은 운전해 주셨어요, 어저께.

그래서 수녀님하고 같이, 엄마 세 명하고 수녀님 세 분하고 수원 피켓[팅]하는데 확실히 수녀님이 서 있으니까 오고 가는 사람이 관심 있게 봐주면서, "수녀님 추우시다"는 등 인사 말씀을 참 많이 해주시더라구요, 역시. 우리가 좋아 가지고 "수녀님 매일매일, 매주 나오라"고 그랬는데, (웃으며) 그렇게 보냈어요. 좀 바쁘게 보냈는 거 같아요, 매주 이렇게.

면담자　　　수녀님은 기존에 아시던 분이셔요?

지혜 엄마　　네, 우리 세월호 때문에 15단지에, 주공 15단지에 방 얻어서 파견 나와 계시는 분이에요. 저희들에게 도움을 되게 많이 주세요. 아픈 사람 찾아가서서 말이라도 해주시고, 저희들 때문에 나와 계시는 분이기 때문에 열심히 한 개라도 더 보태[주고], 들어줄라 그러고, 도움 주려 그러고…. 감사한 분들이죠.

면담자　　　몇 분이 같이 나와 계셔요?

지혜 엄마　　두 분이 나와 계셔요. 두 분이 나와 계시다가 한 분은 연세도 있어서 가셔갖고, 다른 분 파견시켜 가지고 두 분이 또 다니셔요. 운전도 잘하시고 그래서, 미안해서 부탁을 못 하지만은 그래도 진짜 급할 때는 전화해요, 어쩔 수 없어요. 어제 같은 경우는 "하고 싶었는 거 하게 해줘서 고맙다" [하셨지만] 모르겠어요. 해줘서 고맙다고 그러면서 세상에는 공짜가 없는 거 같아요. 서로서로 도움을 주는 거예요. 수녀님은 "청문회 가고 싶다"고 그러시더라구요. "어떻게 가야 되냐?"고 묻더라구요. 제가 운전해 주셔서 너무 고마워서 수소문해 가지고 "청문회 어떻게 가야 되는가?" 물어봤죠. 물어봤더니만 [제가 알아본] 그 사람이 "표 해주겠다" 그래 가지고 두 분 이틀 갈 수 있게끔, 그 표 구하기가 쉽지 않는데 손써 주신다고 해줘갖고, 품과 품으로 서로 주고받고 해갖고…. 진짜로 그전에는 미사 볼 때나 이럴 때만 연락하고 그랬는데, 내가 도움을 줄 수 있어서 고맙고…, 또 수녀님은 그죠? 우리한데 도움을 주셔서 감사하고, 서로서로 그런 것 같아요.

　덕분에, 수녀님 덕분에 피켓[팅] 잘 마치고 왔죠, 점심 '밥값식당' 가서 맛있게 드시고, '밥값식당' 구경도 하시고. 어제는 보람된 거 같아요.

3

4월 16일의 기억들

면담자   오늘은 4월 16일에 맨 처음 사고 소식 들었을 때부터 올라오게 된 과정들에 대해서 얘기해 주세요.

지혜 엄마   처음에 15일 날이 갔잖아요. 15일 날 안개가 엄청 많이 꼈어요. 그날이 화요일이었어요. [성당에] 제대를 차려야 해서 직장 갔다 와서 큰애 밥 주고 일찍 갔죠. 미사가 7시 반이면 기본 5시 반이면 집에서 나서야 돼요. 걔는 '수학여행 잘 가겠지' 하고 어차피 수업 끝나고 저녁에 가야 되기 때문에, 그래서 제대[본당]에 들어가면은 끝날 때 까진 핸드폰을 못 켜놔요. 소리 나면 안 되기 때문에, 조심스럽게 그런 걸 다뤄야 하기 때문에, 다 하고 '잘 가겠지' 하고 [생각하고 있었어요]. '안개는 끼었나 보다' [싶었지만], 성당 안에 들어가면은 밖에는 못 나가니까 바깥 공기는 어떤지 몰라요, 다 정리하고 나니까 거의 9시 다 됐어요. 그래서 오면서 '잘 가겠지' 하고 전화를 했더니만 우리 지혜가 "왜 이렇게 전화를 안 받았냐?"고, 자기가 전화를 했나 봐요. 거기 배 타는 항구에서 계속 기다려, 거의 한 2시간 기다리다 배를 탔나 봐요.

안개 끼니, 가니 못 가니, 거기서 얼마나 난리 지겼겠어요. 그래서 자기 딴에는 그런 이야기도 얘기해 주려고 전화를 했는데 내가 계속 못 받으니까…. 내가 "엄마 제대회[에] 들어가 [제대 준비하고 [하면서], 너 수학여행 잘 갔다 오라고 기도했지" 그랬는데, 그러고는 이런 얘기 저런 얘기 하면서 "엄마, 내일 엄마 결혼기념일이니까 내일 다시 전화할게" 이러고는, 나는 "잘 갔다 와" 그러고 끊었어요. 그랬는데 '잘 갔겠지' 하고 아침에 자고 일어나서 전화를 해보고 싶은데, 나도 출근 준비에 바쁘고 이러다 보니까 '잘 갔겠지' 하고 아침에 전화하면은 애들은 거의 밤새 놀 거 아니에요. 얼마 만에 여행이기 때문에 '밤새 놀 거'라 생각하고, 잠 깨울까 봐 늦게까지 자라고 전화 안 하고 출근하고, 일을 하고 있는데 내가 라디오 프로[를] 들었어요. 항상 핸드폰에 귀에 꽂고 듣는데 아나운서가 말을 하더라구요, "큰 배가 저거 됐다"면서 지금 어느 학교인지 그거는 발표를 안 하더라구요.

그래서 '설마 우리 딸이겠어?', '우리 애들이겠어?' 그러면서 무심하게 있는데, 여기저기서 전화가 오는 거예요. "지혜 수학여행 갔냐?"고 고모도 전화 오고 외삼촌도 전화하고, [그래서 저는] "어. 수학여행 갔다"고, 근데 안산 어느 고등학교라는 얘기 안 하고, "안산에 어느 고등학교라고 하길래 혹시 지혜 아닌가 싶어서 전화해봤다"고 그래 가지고 차근차근 봤죠. 뉴스를 틀어서 들어봤더니만은 "안산 고등학교"라고, "안산 단원고등학교"라고 [하더라구요]. 그때부터 일하던 거를 어떻게 할 줄을 모르고 거기서 전화받고…. 거기서는 계속 그랬잖아요, "전원 구조됐다"고. 그리고 [나서] '아, 우리 애 델고 오기만 하면 되겠다. 사람만 나오면 되지, 물건이 무슨 필요해' [라고 생각했죠]. 그래서 일단은 이게 사실인가 아닌가를 학교에 가서 확인을 해야 해서 버스 타고 왔어요. 오면서도 계속 아

67
2회차

니기를 바라면서 왔는데 학교 오니까 난리가 아닌 거예요. 내가 일찍 온 게 아니지, 다른 사람에 비해서는 늦게 왔죠.

그 강당에 큰 TV를 틀어놓고 "전원 구조됐다"는 식으로 다른 이야기만 하고, 교무실에는 사람들이 들락날락하고, 부모들도 확인하느라고 들락날락한 거 같아요, 그때 보니까. 강당에 가서 [보니까] 이게 이러고 있을 게 아니[겠더라고요]. 강당에서는 누가 나서서 "전원 저거"라 하고 사람들이 술렁거리니까, '됐나 보다' 하고 [생각했는데], 일단은 확인되는 그 명단이 있대요. 나왔는 애들 명단이 교무실에 딱 붙여놨다고 해서, 혹시 우리 지혜 있나 싶어서, 들어가니까 들어갈 수가 없게끔 사람들이 너무 많이 꽉 차 있더라구요. 안 되겠다 싶어서 누가, 덕하 엄마가 같은 성당 다니니까, "언니, 우리 이러지 말고 애들 데리러 가자" 이래 가지고, 덕하네 차 타고 집에 와서 애 옷만 챙겼어요. 갈아입을 옷만 챙겨가지고 우리 내려가는 도중에, 한두 시간이 걸리는 거리가 아니잖아요. 그래서 라디오 들으면서 계속 내려가는데, 라디오에서 그 상황에 그 말이 귀에 들어오더라구요. "이 일인당 돈이 얼마"니, 뭐라 그럴까, "보상금이 얼마"니 이런 말이 나오는 거예요. 그래서 내가 "아니, 다 구조가 됐다면서 보상금 이야기를 하냐"면서 했더니만은…, 그러고는 갔는 거 같아요.

가서 체육관에 갔더니만 장난이 아니더라구요, 진짜로요. 한쪽에는 명단, 구조된 애들 이름 적어놓고, 한쪽에는 이불 금방 나오니까, 추우니까 마포 같은 거 덮어쓴 애도 있고…. 우리는 지혜 이름 있나 없나 찾기만 했죠. 근데 없더라구요. 그랬는데 어떤 사람이 나와갖고 "몇 시간 뒤면은 한 차에 버스 타고 올 거"라고, "구조된 애들이 다 안 와서 그렇다"면서 [이야기를 하더라고요]. 저기 와 있는 [아이들 중에 우리] 애가 없으니까 우리 지혜는 그다음 차 타고 올 거라고 생각하고 마냥 안에 들어갔다 밖에 나왔다가, 앰블런스 차 한 대만 오면은 뛰어나가 갖고 혹시 '우리 애 아닌가' 싶어서 나가고 계속 그걸 했어요. 그러다 보니까 버스 타고 온 엄마들도 있고, 어두워지고 그래 결국에는 온다는 애는 안 오니까 지치는 거죠, 그러다 밤을 샜죠.

4
진도에서의 브리핑, 진도대교 행진, 유가족 회의

지혜 엄마　　　그때부터 이게 아닌가 보다 하고, '속았다'라는 느낌도 들고, 내 속으로는 '어느 섬에 가 있을 거다. 운이 좋은 아이기 때문에 내 아이만큼은 섬에 가 있을 거다' 그런 생각하면서 오기만을 만나기만을 기다리고 [있었죠]. 그러다 보면 비도 오고, 계속 날씨가 여기처럼 변동이 엄청, 여기처럼 좋은 날씨가 아니라 변동이 심해. 바람 불다, 비 오다, 그러다가 시간이 막 흘러갔는 거 같아요. 그러면서 계속 소식은 안 오고, 사람, 경찰인가 누가 나와서 브리핑하고, 우르르 몰려가서 치고 박고 말싸움하고, 이런 것밖에 기억이 안 나요, 지금은요. 그래서 앉았다, 누웠다 [하다가] 누구 하나 나와서 브리핑하면 앞에 나가갖고, 달려 나가서 듣고, 내가 어떻게 할 수 없으니까. 근데 나중에 보니까 팽목항이란 데가 있더라구요. 나는 거기 갈 엄두도 생각도 못 하고 '여기서만 기다리면 된다'고 생각, '오면 만나면 된다'고 생각하고만 있었죠. 그랬더니만 팽목항에 배 한 척 불러서 16일 날 밤에 그 현장 지역에 갔다 왔다는 사람도 있고 그러더라구요.

근데 계속 맑은 날씨가 아니고 비가 계속 와갖고 어떻게 할 수도 없고, 그러다 "부모들을 현장 가까이에 싣고 갔다는 큰 배가 있다" 그러더라구요. 그래서 다 몰려갔죠. 가갖고 가까이 가지도 않아요, 멀리서 보고는 다시 배 돌려서 간다고 하니까, 부모들이 그게 말이 안 되잖아요. 더 가까이 가서 볼 수 있게끔 해주면 좋은데 경찰인지 뭔지 모르겠어요, 배 둘레로 쫘악 둘러싸서 바다 쪽, 난간 쪽으로는 가지도 못하게 [하더라고요]. 안에서만 보고 간다니까 "부모들이 빠져 죽는다"고 난리지기지, "저 가까이 안 가면 죽는다"지, 그러니 그걸로 한참 실갱이하다 어쩔 수 없이 다시 배만, 뱃머리만 돌려갖고 와가지고 그러자니 난리가 아니었죠, 배 내려서도 난리가 아니었고. 그래 그래 시간이 지난 거 같아요. 그러다가 대통령도 오고, 해수부 장관 오고, 오면 뭐 해요? 그냥 있다가 가고, 브리핑할 때도 거짓말 아닌 거짓말로, 대통령 있을 때 그렇게 정확한 건 모르겠는데 나도, 그런 식이고….

그래도 한 날은 대통령 왔다 가고는 진전이 없으니까, "뭐 해주라. 뭐 해주라", 대통령[이 그래 놓고 갔는데 그 일을 진행을 안 해주고, 우리 부모들은 마냥 애 나올 때만 [기다리면서] 죽치고 있고 이러니까, 안 되겠는지 부모들이 "청와대로 가야 되겠다" 그러더라구. 다 밤에, 그 밤중에 청와대 간다고 나가고 한 차례는…. 저는 신랑이 가고 (한숨을 내쉬며) 누워 있었죠. 뭐라고 생각은 안 나는데 "옷을 얇게 입고 가서 옷 갖다주러 간다"고 계속 나가다 보니까, 남자들은 청와대 간다고 계속 가고, 엄마들은 고 체육관에서 한참 간 거리라, 거기 어디였는지 모르겠어요, 거기서 경찰한테 붙들려 가가지고 거기서도 나가지도 못하고 앉아가지고 시위를 했죠, 우리가. 하다 보니까 해수부 장관이 도망쳐 갔는 차를 어떻게 알고 그 해수부 차를 세워갖고, 그 자리에서 계속 시위를 하는 거예요. 해수부 장관 내리라니까 차 안에서 꼼짝을 안 하고 안 내리더라구요. 우리 부모 아빠들은 계속 청와대까지 간다고 가는데 거서는[거기에서는] 계속 막혀가 못 가고, 우리는 이쪽에서 해수부 장관 차 못 움직이게 막고 있고 그러다 밤 샜어요. 밤 새고 비 맞고 그랬는 거 같애.

그러고는 날 새고 이러다 보니까 붙들어 놔봤자 별 소용 없으니까 그냥 보내주고, 애들 아빠 같은 경우는 가지도 못하고 오지도 못하고 이렇게 해놔 놓으니까, 그래도 먹을 거는 계속 줬나 봐요. 배고팠는지 알았는데 먹을 것은 계속 주더라면서, 맨날 그런 싸움 했는 거 같애. 밀고 밀리고 그러다가 새벽녘 되면 누구 인상차외 브리핑, 어느 [아이] 하나 건졌는지 이야기해 주면 우리 아인가 싶어서 귀 쫑긋해서, 그 이야기 들으면 [나가 보고] 아니면은 앉아 있고 [했지요]. [그러다가] 이러면 안 되겠다 싶었는지 부모들이 반별로 회의를 해요. 그때도 인양 이야기도 나오고 그랬어요. 하룬가 지냈는데 "인양해야 된다"는 둥, "안 해도 된다. 인양하면 안 된다"는 [둥] 반끼리 모여가지고 의견을 내놓고 맨날 그게 하루 일과죠.

맨날 누구 하나 나와서 브리핑하면 우르르 몰려가 갖고 "해역에는 아무것도 안 하고 있다"는 둥, "조명탄도 안 쏘고 있다"…, 일하는 사람은 그런 식으로 계속 [브리핑]하면은, 부모들은 가보면은 그렇지도 않은 상황이고, 이게 도대체 어느 누구 말이 맞는지 정말 모르겠더라구요. 그래서 (한숨을 내쉬며) 그러다가 어느 날 지혜 친구 엄마한테서 전화 왔는데, "지혜는 살아 있다고 페이스북에 돈다"고 그러지, 조카도 "그걸 봤다"고 그러지, 또 그 명단 가지고 책임자한테 가서 이야기하니까 그것도 그거 때문에 난리 났었죠. "살아 있는데 구조 왜 안 하냐"는 둥, "다시 해역으로 가보자"는 둥 맨날 싸움판이었어요, 맨. 그래가 지쳐가 누워 있다가, 하여튼 그때도 왜 그렇게 감시하는 사람이 많은지, 화장실을 갔다 오면은 주시하는 사람이 많이, 몇 명을 봤어, 저도요. 어떤 행동을 하는가, 부모들이 그런 거며, 너무 먹는 거 이런 거는 되게 풍부한데 씻고 이런 데는 너무 부실하다고 그러나? 그런 게 너무 심하고, 저는 그나마 지혜를 일찍 찾아가지고 올라와, 일찍 올라왔어요, 그래도.

면담자   해수부 장관 차를 막았다고 하셨는데, 실제로 내려서 이야기를 했다면 어떤 이야기를 하고 싶으셨어요?

지혜 엄마   '왜 빨리 구조를', 우리 애를 빨리 꺼내야 하니까 '왜 구조를 안 하냐' 그런 걸 물어보고 싶었죠. 이 상황에서 인양이 아닌데 인양을 의견을 물어보는 것도 그렇고…. 그러게요, 생각을 안 해봤는데 빨리 구조해 달라는 그거겠죠.

5

페이스북 생존자 명단 논란

면담자   아까 페이스북 이야기 좀 더 자세하게 해주시겠어요?

지혜 엄마   페이스북에 그게, 지혜 친구는 다른 학교예요. 그 엄마가 전화를 하면서 2학년 10반 우리 지혜만 있는 게 아니고 몇 명이 좀 많았어요, 몇 명이 이렇게 떠다닌다면서, "어느 섬인가 정확하게 모르겠는데, 하여튼 살아 있다고 연락이 와 있다"면서 그렇게. (면담자 : 그 친구한테요?) 친구한테는 아니고 그 페이스북에 그렇게 명단이 돌고 있다면서, 이거는 저뿐만 아니라 다른 엄마들도 많을 거예요. 그리고 제 조카도 페이스북에 보니까 "지혜 이름이 있대"요. 그러면서, 옆에 있는 덕하는 없어 가지고, 그 명단을 올케가 받아갖고, 요즘은 그때는 톡에다 올리면 고거 보여지잖아요, 옆에 있는 엄마가 누군가를 알기 때문에 "고모, 조용하게 이거 좀 봐" 하면서 보여주더라구요. "덕화 이름은 없는데, 지혜 이름은 있어" 2학년 10반 가영이하고, 보현이하고 몇 명이 있었어요, 몇 반에 누구누구, 몇 반에 누구누구. 많이가 아니고 반별로 몇 명씩 있더라구요, 그래서 "살아 있다"고.

　　그리고 우리뿐만 아니라 다른 엄마도 박스 찢어서 적어 이렇

73

2회차

게. 우리 반 경주 엄마 같은 경우도 누구누구 네 명 이름 적어가지고 "지금 살아 있다"고, "빨리 구조해 달라"고 앞에 나가서 마이크 잡고 이야기하고. 그러니까 "살아 있다"는 이야기에 니 애 내 애 할 것 없이 난리였죠. 윗사람한테 "빨리 구조해 달라"고 "왜 구조 안 하고 이러고 있냐"고 맨날 그 싸움이죠, "애 빨리 구해달라"고. 오는 애들은 하나도 없고, 그때만 해도 계속 나오는 애만 건져 와갖고는, 차웅이 같은 애들도 건져 왔잖아요, 맨 일빠로 떴지만은. 그래 가지고 살아 있는 줄 알고 그때 마음은 그랬었죠. '어디 있더라도, 바보가 되어 와도 살아만 왔으면 좋겠다', '살아 있을 거'라고 저는 생각했어요. '끝까지 손 놓을 애는 아니다. 어떻게든 살아갖고…', 죽는 건 상상도 안 했어요. 배 속에서 어떻게든 지가 헤치고 나올 거라 생각했는데, 며칠 지나니까 또…. 그것밖에 기억이 안 나네요.

면담자   덕하 어머니랑 같이 계셨잖아요. 같이 이야기 나눴던 것 중에 인상 깊었던 것들이 있을까요?

지혜 엄마   근데 저는 경상도 살아서 배에 대해서는, 배나 바다에 대해서는 진짜로 몰랐어요. 몰라도 너무 상식이 없었어요. '살 거'라고 생각했어요. "애들이 다 바로 구조는 못 해도 72시간 안에서 에어포켓이 있으면 살 거"란 그 말을 100프로 믿었어요, 저는. 근데 덕하 엄마는 자기 동생이 군인이라서 그런지, 군에서 직위가 있는 사람인가 봐요, 동생이 말을 해줬나 봐요. 그 말을 하더라구요, "애들 가망 없다"고. 그 엄마는 포기해 가 있더라구요, "시체만

이더라도 건지면 된다"고. 근데 나는 안 그랬거든요. 내가 너무 몰랐는 거죠. "소금물만 먹으면 금방 간다"라는 이런 이야기를 하더라구요. 그런 이야기 하고, 그리고 군인이다 보니까 이런 우리는 정치를 잘 모르잖아요. 근데 그 사람들은 나라가 어떤 나라라는 걸 다 알고 있더라구요. 낙담 아닌 낙담으로 가더라구요. 근데 나는 '우리나라가 어떤 나란데 그러냐. 다 구해주고 진짜 정의로울 거라' 생각했는데 내 생각과 반대로 진짜 실망 아닌 실망을 받았죠, 다시 한번. 너무 속이고 속이고, 나는 다 정치인들이 진짜로 조그만 거짓말을 하겠지만 이렇게 거짓말 치고, 묻고, 우리를 멸시하고 그럴 줄은 정말 꿈에도 몰랐어요. 이제까지 속였는 거 같아요, 다 모든 게 다, 오보에서부터.

6

지혜를 다시 만난 날

면담자　　　　지혜 찾게 된 과정 그때 이야기해 주실 수 있으세요? (지혜 엄마 : 지혜가…) "어머니한테 올 것 같은 느낌이 왔다"고 그때 그러셨죠?

지혜 엄마　　　지혜가 다른 애보다 만에서는 일찍 왔어요, 두 번짼가 나왔더라구요. 해주가 첫 번째로 나오고 지혜가 두 번째로 나왔는데, 사람들은 10반이래서 [배의] 맨 끝에 있어서 9, 10반은 맨 끝에 있어서 빨리 안 나올 거라 생각했거든요, 근데 나는 조금 장담

을 했죠. '지혜가 어떻게 해서라도 일찍 나올 거고, 나를 찾아올 거'
라고 생각했는데, 그때 부활 시기래서 부활 때, 부활 며칠 지나서
나왔잖아요. 예감이 딱 들더라구요. '부활 지나면은 분명히 우리 지
혜가 나올 거'라고. 주변 사람한테도 "지혜 며칟날 나올 거"라고,
"아니면 어쩔 수 없는 거고", "나올 거"라고 장담을 했는데 진짜로
부활 지나고 이틀 뒤엔가 며칠 뒤엔가 저녁때 6시 넘었는데, 인상
착의를 딱 우리 지혜랑 똑같은 아이의 말을 하더라구요. 귀걸이는
달 모양 차고 가고, 머리는 길고, 키는 몇이고, 이빨은 하나도, 정상
적인 [상태]이고 이렇게. 옷은 빨간 후드티 입고 갔는데 우리 지혜
같더라구요. 그래도 정확한 걸 알기 위해서 브리핑한 사람한테 가
서 보자 했더니만, 컴퓨터로 쳐보니 똑같더라구요. 그래서 "팽목항
으로 가라" 그러더라구요.

마침 조카가 와갖고 조카 차 타고 갔죠. 팽목항에 갔는데 팽목
항도 멀어요, 30분, 개인 차로 가도 3, 40분 정도. 6시 좀 넘었으니
까 미사 있는데도 왠지 미사를 가기 싫더라구요. 근데 브리핑을 해
갖고 갔는데, 팽목항도 난리가 아니었어요, 진짜로. 아이 시신 오
면은 눕혀놓을라고 천막 동이 몇 개 됐어요. 한쪽에는 건져 오는
애들마다 눕혀놓고 했는데, 그때 갔으니까 7시나 8시 됐겠죠. 엄마
들이 애들 받아갖고 갈라고 많이 왔더라구, 1반부터, 앞 반부터 계
속 나왔으니까 애들. 근데 서 있는데 엄마들이 묻더라구, 기다리
다가 지루하니까, 같으니까 물으면서 "10반"이라고 그랬더니, "10반
은 아직 나올 때 안 됐는데 왜 왔냐"면서. 그때부터 초조해지는

거죠, '내가 당황해서 잘못 듣고 왔나' 싶기도 하고. 그러니깐 애들 아빠가 "기다려보라"고, "확인해 갖고 아니면 어쩔 수 없는 거지만은, 우리 지혜일 수도 있는 거니까, 일단은 기다려서 보자"고 [하더라고요]. 기다리는 데도 엄청 몇 시간 기다렸어요, 하여튼.

몇 시간 기다리다가 그 해역에서 건져 왔는 사람이 종이 가져와서 다시 확인하는 거예요. 그 아이에 대해서 얘기를 해주는데, 맞으면은 가서 확인을 하는 거예요, 그 천막에 들어가서. 우리 지혜 차례가 되어갖고, 맞더라구요. "일단은 가보라"고 그러더라구. 갔더니만 진짜로 천막에 딱 입구에 들어섰는데 저 끝에, 맨 끝에 우리 지혜가 있더라구요. 근데 (눈물을 훔치며) 멀리서 봤는데도 한눈에 보이더라구, 내 새끼래서 그런지 몰라도. 갔는데 잠자는 애 같아요. 목덜미를 보니까 금방 살아 있었던 애, 잠자던 애 목덜미. 그래 갖고 욕이 나오는 거예요. 애를, 금방 자고 나왔는 애, '금방 갔다'고 생각하니까 더 억울한 거예요, '그 전에 빨리 구조했으면 살았지 않았나' 싶은 생각도 들고. 주무르면 피가 돌아서 살 것 같은 느낌 (눈물을 훔치며) 손 보니까 손에만, 목욕 같은 거 오래 하면은 손만 불었는 거 있잖아요. 다른 데는 멀쩡하고 잠자는 아이 같아서 내가, 엄마가 와서 주물러주기만 하면은 살 거 같은 느낌이 들어서, 다리도 주물고 다 주물면서 (눈물을 훔치며) "살아나라"고, "빨리 일어나라"고, "빨리, 엄마 왔다"고 하는데도 애가 안 일어나는 거예요(울면서 한숨). 내가 조금만 노력하면 살아올 것 같은 느낌이래서, 해도 안 오니까, 하다 안 되니까 조카가 끌고 나가더라구요.

DNA 검사 과정과 장례

지혜 엄마　　　그랬는데 그것도 앰뷸런스 한 대 한 대 다 실어가지고 사망진단을 받고 가야 되잖아요. 진단을 받고 갈라고 그랬는데 새벽 시간이었어요. 그렇게 절차가 있어서 그랬긴 하지만, 바닷가라 너무 추워서 떨고 하다가, 우리 지혜 차례 돼서 앰뷸런스 싣고, 목포에 병원이 두 군덴가 봐요. 거기서 사망신고를 두 군데서 해야 되나 봐요. 한 군데 갔는데 퇴짜 맞아가지고, 사람이 많다던가 저는 정신이 없어서, 애기 아빠가 다 했기 때문에 그 상황은 잘 몰라요. 그냥 퇴짜 맞고 다른 병원에 가야 된다는 그것만 알고 또 타고 가고 이것만 했어요. 그래 가지고 한 병원은, 목포병원에 갔는데 안 된다고 해갖고 다른 병원에 가갖고 또 거기서 기다려서 병원장이 새벽이니까 자기네들도 자야 되니까, 자는 걸 깨워갖고 절차 밟아서 왔죠. 왔는데 그때는 장례식장이 많이 없었어요, 거의 애들이 나오고 하니까, 앞 반에서 많이 나왔으니까. 다행히도 우리는 저 다농[마트] 쪽에 거기 병원 딱 하나 있다고 하더라구요.

　　나는 "가까운 요기 고대병원 갔으면 좋겠다" 그랬더니만, "오는 사람들도 그렇고 해서 없다" 그래서, "거기 한 군데밖에 없다"고 해서, 그래도 그나마 괜찮다 해서 거기 갔어요. 새벽에 6시인가 도착해 갖고 페이스북에 글 올려놓으면 "연락해 달라" 그래 가지고, 글 올려놓으면 아니까 사람들이. "지혜 왔다"고 글 올리고 (한숨을 내쉬며) 그때부터 장례하는 거죠. 장례 치르는 데도 너무 난리가 아니었어요. DNA, 우리는 내 애가 맞아서 확실해서, 그때만 해도 DNA가 빨리 안 나왔어요. "부모들이 먼저 하면은 애들 나오면 연결하고 바로바로 받아갈 수 있다" 그래서 저는 미리 DNA 해놨거든요. 하는 날 바로 그날 애가 나와서, 검사 결과는 모르고 내 애가 확실하다는 걸 알고 보내줬어요. 근데 계속 그렇게 일을 해왔죠, 그 사람들은. 근데 한 애가 갔다가 빠꾸당한 적이 한 번 있었어요. 자기 앤 줄 알고 델고 갔는데, 장례 치르려니까 아니라서 그 애가 다시 내려갔어요. 그래서 DNA 검사하는 사람, 관리하는 사람이 '이거는 아니다' 싶어서, DNA가 확실한 사람만 내보내 주는 거예요.

그러다 보니까 그 검사 안 한 사람이 올라왔는 집은 다 중단이 돼버린 거예요. 우리 같은 경우에는 내일 새벽에 장례 저기를 가야 돼요, 그거 하는 곳에 발인을 해야 되는 데[를]. 새벽에 발인이 돼야 되는데, 그날 낮에 [DNA] 결과 그런 얘기가 도니까 다 중단을 시켜버린 거예요, 이 사람들이. 그러면 우리 지혜 같은 경우는 저걸 해야 되잖아요, 뭐라 그러나, 염을 해야 되잖아요. 염을 해야 그다음 날 새벽에 나갈 수 있는데 염도 안 되는 거예요. 자기 애가 DNA가 확실하지 않으면은 염도 안 해준대요. 그래서 "그러면 빨리 그 결과를 가져오라" 그러니까 "그 결과가 안 나왔대"요. 그래서 이게 뭔 일인가 싶어서, 저희 친정 오빠들하고 다, 그때는 공무원들이 지키고 있었어요, 장 치르는 데. 다섯, 여섯 명이 쭉 서 있어요, 지키고 있는 거예요. 그래서 족칠 사람은 그 사람밖에 없잖아요. 공무원을 난리를 지겨놔야 그 공무원이 위를 자꾸 치고, 내일 발인 나갈 사람들을 빨리해야 하잖아요. 오빠들이 "당장 구해오라" 그러고, "DNA 검사한 거 내려보내라" 그러니까, 이 사람들이 겁이 나노니까 다 도망가고 없는 거예요.

그러니 답답한 건 우리잖아요, 발인, 염을 해야 되니까. 그래 갖고 내가 여기저기 알아봐서 팽목항 쪽으로 우리 성당에 한 자매가 갔길래 "거기 가서 빨리 지혜 DNA부터 검사 결과부터 해갖고 보내라" 그래 갖고, DNA 검사하는 교수하고 연결해 갖고 어떻게 어떻게 해갖고 보냈는 게 밤 11시, 12시 넘어서 왔어요. 그래 그 시간에 염을 하는 거예요. 그러자니 난리가 났잖아. 그 [DNA 검사 결과가] 올 때까지 얼마나, 내일 발인은 해야 되는데 안 오니까, 식구들은 일단은 쉬러 간다고 다 가버리니까 지혜 염하는 걸 다 못 본 거예요. 우리 오빠들하고 요래밖에 못 본 거지, 그게 마지막 가는 모습인데. 그래가 어떻게 다행히도 아침에 장례 발인해 갖고 나가긴 나갔는데, 그러자니 그 [기다리는] 시간이 얼마나 난리가 아니었겠어요, 못 가는 줄 알고(한숨). 그렇게 마무리는 잘했지만은 뭐든지 쉽게 넘어가는 게 없었어. 그런 것도 그렇고, 얼마든지 자유롭게, 순조롭게 나갈 수 있는 일도, 맡아서 하는 일도 제대로 못 했기 때문에 그런 일도 있었던 거 아니에요?

나중에 장 다 치르고 나서 엄마들 이야기 들어보면, 거기서도 자기 애 못 찾아갖고, 인상착의를 정확하게 안 하고 이상하게 써가지고 브리핑하니까, 아니다 싶어 안 가본 엄마들도 있어. 그래서 냉장고 안에 방치해 둔 애도 있고, 그래서 늦게 찾은 애도 있고. 우리 지혜랑 거의 비슷하게 나왔는데도 2, 3일 묵고 나온 애도 있고, 그런 애도 있더라구요. 다행히도 '지혜는 그나마 빨리 찾아서 감사 아닌 감사하다'고…. 하느님이 미웠었는데, 내가 하느님을 믿고 열심히 봉사도 하고 했는데 왜 우리 지혜한테 이런 일이 겹치나 싶어서 "다시는 하느님 안 믿는다"고 오만 소리 해놓고, 놨는데, 그나마 지혜가 일찍 나오고 자기 태어났는 시기에 나오고 하니까 그게 감사하더라구요. 미워했다가, 감사했다가 혼자 생쇼를 다 했는 거지. 그랬어요, 난리가 아니야. 자식 잃고, 그것도 좋게 간 것도 아니고, 수학여행 갈 때에 잠깐 인사했는 게 그게 마지막이 될 줄은 정말 몰랐어.

항상 [지] 가면은, [나는] 바쁜데도 저기 입구까지 나와갖고 이렇게 [인사]해야 되고, 그런 게 이제는 많이 그립죠. 바빠도 "엄마, 빨리 나와" 그러면서 인사하고 가야 하고, [지혜가 저를] 이 앞에까지 나오게끔 해갖고, 그날도 가면서 "잘 갔다 온다"면서 "빠빠이" 하고 그래 갔는 게 그게 마지막이 될 줄은, 그게 마지막이었으면 안 보냈겠지만은 (한숨을 내쉬며) 그렇게 너무 억울하게 가서…. 아프고 갔거나 내 품에서 갔거나 이랬으면 좀 덜 했을 건데, 그 안에서 얼마나 찾았겠어요, '엄마를 [찾았을까, 무서움에 떨었을까' 생각하면, TV에 봐도 고통스러워하는 모습만 보면은, 우리 지혜도 저랬을 게 아닌가 생각을 하면은 마음이 막 찢어지는 게, 나도 모르게 눈물이 나는 게 (한숨을 내쉬며) 살다 보니 '이런 고통을 안고 가야 된다'는 게 너무 진짜 끔찍스럽고…. 사람들이 "그만하라. 그만하라" 그러지만, 자기네들은 보기 힘들다 그러지만은 우리는 평생을 안고 가야 되잖아요, 이걸요. 그런 거 생각하면 그런 말을 못 할 것 같은데, 그렇다고 나라가 우리가 원하는 대로 다 해준 것도 아니잖아요. 강제로 차단하고, 뭐 하나 할려면은 억압으로 짓누르고 하면서, 뭐를 다 해주는 것처럼 말하면서 그러는데 (한숨을 내쉬며) 원없이 해줘도 우리 부모들 가슴에는 한이 될 건데, 뭐 하나 제대로 이루어준 것도 없으면서 학교 같은 문제도, 학교만 생각하면은 (한숨 쉬며) 진짜로 너무 한탄스럽고, 하면서도 진짜…. (침묵)

8
부활 시기의 특별한 의미와 지혜의 부재를 상기시키는 종교

면담자　　　지혜 찾던 날 이야기 하시면서 저녁에 미사 이야기 하셨는데, 거기서도 미사 드리셨던 거예요?

지혜 엄마　　　네, 부활 시기니까 거기 천막 하나가, 동이 하나가 천주교. 그리고 우리 애들 빨리 나오라고 매일 밤 미사가 있었어요, 계속 나갔는데 그날은 가기 싫더라구요, 왠지. 그리고 내가 나온다는 날짜였잖아요. 그래서 저녁에 항상 보면은 고 시간대에 해요, 브리핑을. 그 아이가 나왔다는 누구누구, 어떤 아이가 나왔다는 [거를]. 그래서 안 갔는데, 그 얘기를 들으면서 '설마 우리 지혜일까' 싶기도 하면서 갔는데, 딱 지혜더라구요. '안 가길 잘했다' 싶어서, 갔으면 [브리핑을] 못 들어갔고, 아빠는 자기 딸이래도 무슨 옷을 입고 가고 귀걸이를 무슨 걸 차고 모르잖아요, 엄마만큼은. 기다렸던 것 같아요, '우리 애가 나올 거'라는 [느낌이 있어서]. 그래서 바로 갈 수 있어서, 듣자마자 찾아보러 갈 수 있어서, 모든 게 연결돼서 그죠, 고마웠지.

면담자   아까 DNA 확인할 때 성당에 아시는 자매님이 내려가 있었다고 하셨는데, 그분도 자녀가 단원고였던 거예요? 아니면 봉사하러 내려가신 거예요?

지혜 엄마   응, 저랑 성당에서 봉사하던 사람인데, 덕하 엄마하고 다 같은, 같이 봉사했던 사람들이에요. 그래서 덕하가 안 내려왔으니까, "덕하 엄마 얼굴 보러 간다"고 [팽목으로] 내려갔던 사람. 고날 내려갔는데, [제가] 알아봤죠, 내려가는 사람 있기 때문에 "누가 지금 거기 팽목항에 내려갔나?" 물어봤더니, "그 자매가 내려갔다"고 하길래, 그 자매한테 "빨리 알아보라"고 연결이 바로바로 됐는 거죠.

면담자   지혜가 태어났을 때도 그렇고, 지금도 사순 시기고 곧 부활 시기가 오기도 하는데, 어머님께는 이게 더 특별한 의미인 거죠?

지혜 엄마   지금은 내가 생각이 안 나는데, 부활이 시난 거예요? 뭐예요? (면담자 : 아직 안 지났어요) 안 지났죠? 그렇네. 진짜 그렇죠? 다시 옛날 생각이 나고…. 그리고 부활 때나 판공할 때 되면 성당에서 날아오잖아요, 판공성사표가 날아오잖아요. 그것 때문에 성당 다니는 엄마들이 "날아왔니", "안 날아왔니" 그런 말도 많이 하고 그래요. 그런데 사무장님이 안 보냈더라구요, 작년에도 안 보내주시고. 우리 신랑은 안 다녀요. 그리고 ○○하고 나하고만 세 명이 다녔으니까 두 장이 왔더라구요. 작년 같은 경우에는 날아왔을 때 지혜께 없으니까 '아, 우리 지혜가 갔구나' (눈물을 훔치며) 그 생각은 하지만 그래도 그런 것 때마다 확인이 되잖아요, '진짜 우리 지혜는 갔나 보다' [하고요]. 항상 내 마음속에 있었는데, 그걸로 다시 내 마음을, '갔다'라는 거를 확인시켜 주니까 '진짜 우리 지혜는 갔나 보다' [깨닫게 되더라구요]. 작년 같은 경우는 성사표를 보고 (눈물을 훔치며) 울고, 우니까 그 갖다주는 사람도 올해는 그냥 우편함에 갖다 여[넣어] 놓고 갔더라구요. 나는 그거 생각 못 하고, 우편함을 잘 안 들여다보는데, 신랑이 가져왔더라구요. 근데 보니까 두 장이 [왔더라구요]. '왜 있어야 되는데 없나' 그런 생각도 들고, 그러고 지혜 배갖고 교리 할 때 생각이 나죠.

'어떻게 [지혜를] 배 속에 여어[넣어]갖고 ○○ 델고 다니면서 교리받았다'라는 생각도 다시 되고, 지혜를 다시 되새기게 되죠. '그래도 지혜가 있어서 행복했다'라는 그런 생각, 이런 생각 다 되새기게 되죠. '어땠을 때 어땠다', 어릴 때 생각, 조금 커서 생각, 한 바퀴씩 다 돌리지요 (울음을 터뜨리며) 그렇게 성사표 보면서도. 꿈에는 잘 안 나오더라구요. 꿈을 꿨는데 생각을 못 하는 건지, 꿈에서는 부지런히 뭐를 꿨는 거 같은데 아침에 자고 일어나면은 생각이 하나도 안 나요. 그래서 눈 감고 '뭔 꿈을 꿨나' 되새길려고 해도 그

꿈속에서 했던 내 행동이 전혀 생각이 안 나요. 그래서 이게 왜 그런가 생각도 해봐도 생각이 안 나더라구요. 초반에는 어릴 때 꿈을 그렇게 꾸더니만, 지금은 내가 맑지가 못해서 그런지, 계속 욕도 하고 조금 깨끗하게는 못 살잖아요. 욕만 하고 남 흉하고 이러다 보니까 그런지 꿈이 전혀 생각이 안 나요, 꿈은 꿨는 것 같아도. 그런 거 보면 많이 나죠, [지혜] 생각[이].

그리고 아침밥 뜰 때 되면 밥공기가 네 갠데, 세 개밖에 사용 안 하는 것도, '분명히 네 개 떠야 하는데 왜 세 개밖에 사용이 안 되는가' 생각할 때도 그렇고. 지혜 거는 하나도 건드리지 않았거든요. 옷 같은 거도 박스에 담아 넣어놓고 방도 손 하나 안 댔어요. 아빠는 책꽂이 같은 거 필요 없으면 버리자 하는데, 아직까지는 손대고 싶은 생각이 없어요. 시험 봤는 거, 이렇게 사이사이 끼워놓는 그대로 냅뒀어요. 달력으로만 이렇게 덮어놓기만 하고, 아직까지는 치우면 안 되겠다는 생각에 방 정리도 안 하고, '마음이 내키면 치워야겠다. 지저분하든 말든' 그러고 있어요. 될 수 있으면 사진을 안 보려 해요, 사진은 여기저기 갖다 놓기는 했는데. 피아노 위에고 안방이고 부엌이고 어릴 때 사진은 걸어놓긴 했는데 마주 볼 수가 없어요, 마주 보면은 '갔다'라는 걸 인정하게 되니까. 이렇게 스쳐만, 이 형태만 거기 있다는 것만 느낄 정도로만 보지, 이렇게 정면으로 보면은 왠지 '갔다'라는 게 인정하는 느낌이 들어서, 흘려 보고 형체만 보고 그 정도만 하고 있어요.

근데 아직까지는 인정하고 싶지가 않아요, 이것도 안 되지만은…. '갔다'라는 건 '내 안에 아주 너무, 이렇게 애만 없다뿐이지 혼은 내 안에 있다'고 생각하거든요, 그래서 가끔씩 혼자 중얼거리기도 하고, 지혜한테. 그래서 루비[반려견]가 되게 위안이 되는 것 같아요. '얘 아니면 나도 미쳐 있었지 않을까' 생각도 들고.

면담자   (면담자에게 온 반려견을 쓰다듬으며) 루비, 잘했어.

지혜 엄마   루비야. 일로와, 앉어.

9
큰딸

면담자   팽목 내려가 계셨을 때 아버님과 같이 계셨는데, 그러면 ○○는 왔다 갔다 한 건가요?

지혜 엄마   그쵸. ○○는 학교가 서산이에요. 서산이다 보니까 친구랑 방 얻어가지고 있고, 주일이면 집에 오니까 왔다 갔다 했죠. 지 혼자 왔다 갔다 하고 중간에 전화하고, 팽목항에도 내려와보고, 토요일 일요일 같은 경우는 걔가, 내가 16, 17[일 날] 이럴 때는, 구조 안 했을 때는 우리 ○○도 그랬거든요. "엄마, 지혜가 영리하니까 어떻게든 나올 거야. 그냥 마음 편하게 있어" 그런 말 할 때도 저도 믿었죠, '그렇게 올 거라고'. ○○ 혼자 집에 와서, 친척 언니가 와서 봐주기도 하고, ○○ 학교는 다녀야 되니까.

면담자   ○○도 팽목에 내려가 있거나 장례를 치를 때 많이 힘들었을 것 같은데요.

지혜 엄마   네, 아무래도 지는 지 나름대로 힘들었겠죠. 맨날 [지혜랑] 같이 자고 [그랬었는데]. 성향이 지혜랑 ○○랑 좀 달라요. 지혜 같은 경우 나다니는 것도 좋아하는데 ○○ 같은 경우는 필요하지 않는 이상 밖에 나가는 걸 별로 안 좋아하는 애다 보니까 항상 뭐를 해도 반대적인 게 많아요. 시켜 먹어도 그렇고, 쇼핑을 다녀도, 옷 입는 거 다 이런 게 취향이 조금씩 달라요. 그래서 옷 사러 가면은 ○○보다 지혜랑 더 많이 다니고 그랬는데…. ○○는 초등학교, 중학교 때까지만 해도, 둘이 그렇게 잠은 같이 자도 서로서로 이야기하고 하는 거는 어쩌다 있지, 나하고 많이 한 거 같아요, 고등학교, 중3 때부터. ○○가 음악을 해요, 중3 때부터 언니랑 연예인 이야기하고 이런 게 통한 거 같아요. 학교 이야기도 그렇고, 고등학교 가서도 같은 학교고 이러니까 밤에 들어가면서 조근조근 이야기도 잘하고, 연예인 이야기도 하고 이러면 통하고 이러니까.

언니 같은 경우에는 소녀시대를, 태연이 왕팬이에요. 태연이 CD 나오면 다 사고, 태연이 그 콘서트도 가고 그랬어, 언니는요. 지혜하고 나하고는 콘서트 끝날 때까지 밖에서 둘이서 보내고 [했어요]. 둘이 보낼라면 [표 값이] 돈이 좀 많잖아요, 하나에 7만 원짜리도 있고, 8만 원짜리도 있고 그렇잖아요. 싸야 7만 원이잖아요. [너무 비싸서] 둘이 보낼 수 없으니까, 언니는 지가 음악한다고 그러니까 언니만 보내주고, 너는 "크면 보내준다" 그러고는 [지혜하고 나하고 바깥에서 같이 언니를 기다렸어요. 그거는 말 잘 들었어요, 우리 지혜는. 세 명 가갔고 ○○만 들어가서 콘서트 보고, 둘이는 밖에서 음악이 나오는 거 앉아갖고 춤추고…. 지혜는 나는 보고 이랬어요, 끝나면 같이 오고 그랬는데, 소녀시대 둘이 이게 맞고 연예인 이야기하는 게 맞아서, 문 닫고 자고 이러니까 아무래도 그런 쪽으론 잘 통하잖아요. 아무래도 그런 게 많이 그립겠죠. 뭔 이야기를 물어봤었지? 잊어버렸네.

면담자　　　　지혜 언니가 학교에서 힘들어하지 않았어요?

지혜 엄마　　　얘가 표현을 잘 안 하는 편이에요. 속으로 감추는 편이고 남한테 내색을 내보이는 게 쑥스러워하고 그래서 잘 표출은 안 해요. 근데 표정을, 엄마는 표정만 보면 알잖아요. 말 잘 안 하고, 항상 침울해 있고 내 눈치 보고 그런 거에서 많이 느끼죠. 한 1년 동안은 성당 다니고 이러다가 성당에 신부님 바뀌고부터는, 신부님이 옛날 신부님 같지 않게 음악 쪽으로만, 거의 미사도 율동 위주로 하고, 저런 사람 불러가 음악회 하고 그런 걸 맨날 열으니까, 자기는 그러고 싶지 않은데 그러니까 애가 못 견디는 거예요. 선배들이 아무리 잘 해줘도 못 하겠는지 그러더라구요. "5년 뒤에 성당 나가겠다" 그래서, 설득하다 안 돼서 냅뒀어요. 지 마음이 아니니까, 노래 좋아하는 애가 노래 활동하는 그거를 다 싫어하는 거 보면은 지 속도 지 속이 아니니까 "그만두겠다" 하는 거 같아서 "그래, 그만두라" 그러고, 표현을 안 하니까 잘 모르겠어요.

　　표면을 봐서는 내 눈치를 많이 보는 거 같아요. 엄마의 표정 읽

지혜 엄마 이정숙

고 농담을 한다던가, 말 한마디를 더 붙이고 화도 잘 안 내더라구
요. 엄마가 맨날 우울해 있으니까 심기를 안 건드리려고, 기분 나
빠도 별로 "알았어, 엄마" 그러고, 지 속으로 다 삭히는 것 같더라
구요. 그러더만 요 근래 와서 웃고 말 걸고, 그리워하는 거 같[고],
[단원고등]학교 [2학년 교실] 같은 데도 잘 안 갈 건데 지가 편지 써갖
고, 편지 써다 놓고 몰래 오고 이런 거 보니까 '아, 그립기는 많이
그립나 싶나 보다' [생각해요]. 그런 데서 알게 되죠, "엄마 오늘은
내 방에서 자면 안 돼?" 이럴 때. 그래서 요즘은 토요일, 일요일은
○○랑 자는, 그런지 좀 됐어요. 옛날 그런 게 그리운 거지, 지도
요. 지혜가 자기한테 많이 저걸 해주니까, 보면은 우리 ○○ 같은
경우에는 옷 입고 이런 건 신경 안 쓰는데 "어떤 게 맛있더라" 이런
걸 어디서 잘 알아와요. 그 이야기를 집에 와서 해요, 자기는 안 사
오면서. 그러면 지혜하고 나하고 가갖고 사가지고 오고, 같이 먹고
거의 그래요. "엄마, 어디에 뭐가 맛있어" 이러면은 지혜하고 나하
고 사가지고 와서 네 명 먹고 세 명 먹고 그런 것도 다 생각이 나겠
죠, 본인은 거의 그랬으니까.

　한 날은 그 말을 묻더라구요. [어느 날] 어디에 지 친구 델고 오
고, 자기 친구의 친구 델고 오고 그러니까 네 명이 만나는데, 두 명
은 알아도 두 명은 모르잖아요. 서로서로 자기소개를 하는데 가족
소개를 했었나 봐요. 그 말을 하더라구요. "그때는 어떻게 말해야
하는지 힘들었다"면서, "지혜가 있다고 말해야 되는지 없다고, 자
기 혼자라고 말해야 하는지 너무 힘들었다"면서, 그런 말도 하는

거 보면 '동생이 있어요', '없어요' 어떻게 말해야 되겠는지 모르겠다면서, 지금도 그런 건 있다면서…. 그래서 내가 "너 편한 대로 해. 있다고 말하고 싶으면 '있어요' 그래도 되고, 없다고 생각되면 '없어요, 동생이' 그렇게 말해도 상관없으니 니 마음 내키는 대로 말하라" 그러니까 "알았어" 그러더니만, 그 외에는 더 안 묻더라구요, 그래서 '다행이다' [했죠]. 첫 만남 자리에서 그런 게 조금 곤란한가 봐요, 자기 딴에는. 그러면서 지혜가 그 연예인을 좋아해요, 걔 누구더라?

면담자   이종석이요?

지혜 엄마   응, 이종석이를 좋아해서 지가 "이종석이한테 편지를 썼다"고 하더라구요. (면담자 : 지혜 언니가 이종석한테요?) 네, "내 동생이 이러이러한데 너무 좋아하는데, 내 동생 있는데 한 번 왔다가면 안 되겠냐"고 그랬는데, 우리는 모르잖아요. 지가 썼다는 말은 하더라구요, 그래서 '그런가 보다' 했는데, '이웃'에서 생일잔치하는데 "지혜가 누구를 좋아하냐?" 묻길래 "이종석이 좋아한다" 했더니만은 어느 한 분이 선물해 주겠다고 하더라구요. 이종석이 매니전가, "매니저를 아는 게 아니고 연결해 가지고 매니저를 안다" 하더라구요. 그래서 "자기가 부탁해 놨다" 그러더라구요. 그래서 나중에 알고 보니까 언니 편지도 갔대요, "왔는 거 봤다"면서 그 얘기해 주더래요. "언니가 편지 써서 보냈는 거 읽었는데 답장을 못해줬다"면서, 그러면서 그러더라구. 다행히도 그 선생님 덕분에 우리 지혜가 좋아하는 이종석이 꽃바구니에다 편지에다가 받았거든요. 근데 꽃바구니가 시들었는데 버리지를 못하겠더라구요. 우리 지혜가 좋아하는 연예인이 준 바구닌데 시들어가지고 오물 냄새도 나는데 옆에 갖다 놓고 버리지를 못하겠더라구요. 나중에는 안 되겠다 싶어서, 아침에 자고 일어나면 머리맡에 갖다 놨었거든요, 저 위에 지혜 사진이 있어서. 냄새가 너무 나서 지혜한테 어쩔 수 없이 "버려야겠다. 엄마가 냄새도 심하고 하니까 버린다"고 [했어요]. 그나마 몇 개는 남겨놨거든요.

면담자   저 꽃이 그 꽃이에요?

지혜 엄마   네, 함부로 못 버리겠더라구요, 지가 그렇게 좋아하는 사람이 보낸 꽃인데. 근데 ○○도 그렇겠죠, 표현을 '엄마, 지혜 보고 싶어' 말은 안 해도. 자기랑 잠자리도 같이하고, 지가 용기 없을 때 지혜보고 시키기도 하고 그랬는데, 지도 지 동생이 자랑스럽긴 하나 봐. 어렸을 때 보면은 자기가 춤추고 부끄러워서 못 하면은, 지혜보고 쑤셔가지고 지혜가 하는 거 보면은 자기 동생이래도 자랑스럽고 그러기는 했었는 거 같아요, 보면은(한숨). 다행히도 교수님을 잘 만나서 교수님이 잘 챙겨주시나 봐요. 자기 동생이 그랬다는 걸 아니까, 장례식장에도 오고, 교수님하고 과 친구들하고…. 그래서 그런지 교수님이 가끔 엄마 안부도 묻고, 만나면은 "광화문에 가시니? 광화문 지나가는 길인데" 그러면서 많이 챙겨주시는 거 같아요. 그래 가지고 우리 ○○가 [전공이] 작곡이거든요. 방학 때도 자기 음악실에 델고 가갖고 "음악 작곡하라"고 도와주신 것 같아요. 그래서 작곡했어요, 했는데 교수님이 키우는 이름 없는 앤데, 교수님이 SBS에 그것이 궁금하단가?

지혜 엄마   '그것이 알고 싶다'요?

지혜 엄마   아니요, (면담자 : '그것이 궁금하다'예요?) 예, 그 비슷한 프로가 있어요. 거기에 음악하는 사람인가 봐요. 제목이 하여튼 SBS예요. '궁금' 뭐 있는데, 거기에 음악 삽입해 주는 분인데, "○○ 작곡했는 거 괜찮다"고 선생님이, 교수님이 손봐줬겠지, 우리 ○○ 실력으로는 안 될 것 같은데, 그렇게 좋은 실력은 아닌데, "한 곡 4월 달에 나온다"고, "녹음인가 들어가 갖고 4월에 나온다"고 [하더라구요]. 또 "한 교수님이 칭찬해 줬다" 그러는데 내가 "엄마도 좀 들려줘 봐" 그러니까 "지금 들려주면 안 된다"고, 나올 때까지는 참고 기다리래요. "감이 좋다"면서, "노래 부르는 사람도 나쁘지는 않다"고 감이, 그러는데 나와봐야 알겠죠. 다른 애들 같으면 자랑해 가지고 "내가 작곡했는 건데 들어봐" 이럴 건데 걔는 그래요. (면담자 : 진중한 성격 같아요) 예. 뭐든지 그게 탁 터뜨려져야 "엄마, 이렇게 했어" [할 텐데], 어떨 땐 내가 답답해. 지혜는 아니거든요, 터지기도 전에 진지한 이야기할 것 같은데 들어보면 별거 아닌 이야기에.

그런데 우리 ○○ 같은 경우는 반대로 일이 터뜨려져 가지고 남한테 들어야 자기 이야기를 해주는 스타일이다 보니까, 모르겠어요. 내가 그래서 조금 지켜줄려고, 그 전에는 ○○하고 지혜 있을 때는 해줄 것도 조금 늦게 해주고 그러거든요. "뭐 사달라"고 그럴 때도 사달라고 바로 사주는 것 안 해주거든요. 근데 지금은 "니 하고 싶으면 다 해라" 그러거든요, 하나밖에 없으니까. '들어봤자

92

지혜 엄마 이정숙

얼마나 들겠나' 싶어서 거의 승낙해 주는 편이에요. 그래서 칭찬도 많이 해주고 그래요. 그래서 내가 "CD 나오면은 엄마가 많이 사줄 테니까, 내 돈으로 아줌마들한테 풀 테니까 꼭 이야기하라"고, 그게 기본이라고 그 말 하면서 "엄마 많이 사줄 테니까 걱정하지 말라"고 했는데 나와봐야 아니가, 4월 초 돼봐야 알죠. 그리고 교수님 덕도 많이 보는 것 같고…. 맨날 항상 우리 지혜가 운이 좋은 아이였어요. 지혜한테 이야기하죠, "너 운을 언니한테 많이 줬으면 좋겠다" [하고요]. 언니는 운이 잘 따른 아이가 아니라서 나는 항상 우리 큰애를 많이 걱정했거든요.

지혜는 뭐든지 하면 되는 그런 운이 많이 따랐어요. 우리 ○○는 그게 아니어서 맨날 하는 얘기가 그래요, "지혜야, 너 운을 언니한데 좀 뿌려주면 안 될까" 그래서 "언니가 좀 잘돼갖고 엄마가 걱정 안 하게끔 너 운을 뿌려줘" (눈물을 훔치며) 맨날 주문 외우듯 그랬는데, 그 운이 언니한테 갔으면 좋겠어요. 이게 내 욕심이겠지만 "사람이 원하면 이루어진다" 그러잖아요, 그죠? 우리 큰딸이 운이 좋은 사람이면 좋겠어요, 남한테 사랑받고. 왜 노력해도 운이 안 되면은 사람들한테 미움도 받고 그러잖아요. 자기도 노력하는데 나와는 상관없이 사람들한테 욕도 얻어먹고 그런 사람 있잖아요. 그런 아이 아니고 어디 가도 환영받는 그런 아이가 되게끔 지혜한테 비는 거예요. "지혜, 너는 하늘나라 가 있으니까 언니인데 얼마든지 해줄 수 있으니까" 지혜한테 맨날 (눈물을 훔치며) 그렇게 주문을 외워요. 내 힘으로는 안 되니까, 부모의 힘으론 안 되니까 엄마

의 입장으로는 큰딸이 많이 부족하니까. (침묵)

면담자   지금이 12시여서 오늘은 여기까지 할게요.

지혜 엄마   12시예요?

면담자   네, 어머니. 오늘도 너무나 깊은 말씀을 잘해주셨어요. 감사드립니다. 이것으로 마치도록 하겠습니다.

3회차

2016년 3월 31일

1
시작 인사말

면담자　　　　본 구술증언은 4·16 사건에 대한 참여자들의 경험과 기억을 기록으로 남김으로써 이후 진상 규명 및 역사 기술에 기여하고자 합니다. 지금부터 이정숙 씨의 증언을 시작하겠습니다. 오늘은 2016년 3월 31일이며, 장소는 안산시 이정숙 씨 자택입니다. 면담자는 김향수이며, 촬영자는 이예성입니다.

2
근황: 박주민 변호사 개소식 및 청문회

면담자　　　　지난 2차 구술하고 2주 만이에요. 지난주에 광화문에서 뵙긴 했지만, 그동안 어떻게 지내셨어요?

지혜 엄마　　　좀 바빴어요, 2주 동안은. 청문회도 가고, 금요 피켓[팅] 같은 거 [하러] 광화문도 가고, 하루에 거의 두 건도 뛰는 것 같아요, 공방에 나가서 그런 것도 하고, 엄마장['엄마랑 함께하장'] 하는 그런 것도 하고. 어제 같은 경우에는 교육청 피켓[팅]도 하고, 또 박주민 변호사님 우리를 위해서 진짜로 애쓰셨잖아요. 몸 던지다시피 하셨는 분이라서 개소식에 참석하러 갔는데, 가갖고 모르는 아줌마지만, 아줌마 옆에 가가지고 박주민 자랑도 하고…. 청문회 가서 학생들이 옆에 앉아 있길래 "어디 사냐?"고 물어보고, 아는 동아리 친구라도 있으면 "박주민이 꼭 뽑아달라"고 (웃으며) 박주민 자랑도 하고 오고, 바빴어요, 어제 같은 경우는. 개소식에는 처음 그런 데 가봤는데 박주민 변호사가 이루어놓은 역사가 많더라구요. 강정마을도 도왔고, 송전탑도 도왔고, 한 대학생 어렵게 처해 있는데 변호도 해주고, 변호해 준 사람이 되게 많더라구요. 다 어려운 사람, 그것도 중지[인지대] 뭔가 붙이는 거 뭐죠? 소송하면 뭐라 그랬는데? 등기하는 거 있어요, 그 정도밖에 안 받고 그렇게 해줬다면서, 나와서 얘기해 주는 거 보니까 '우리 시대에는 그런 변호사가 많아야 되는데' [하는 생각이 들더라고요].

얼마든지 로펌에 들어가 가지고 돈 많이 벌 수 있는 상황인데도 진짜로 그런 일 하시는 분 보면은 '지금 사회가 너무 힘든 사회인데, 그런 사람이 많이 나와야, 그런 변호사가 국회로 가서 일해야, 지금 바닥인 나라가 다시 살아나지 않을까' 싶은 생각도 들고, 살아 있는 현장에 갔다 왔다는 느낌을 받을 정도로 또 다른 공부를 했는 거 같아요. 그래서 다시 한번 우리 지혜를 생각하게 되더라구요. 내가 만약 우리 지혜가 이렇게 안 갔으면, 그런 것도 모르고 어떤 세상인지 몰랐을 거 같은, 지혜 있으면 지혜 안에서, 가정 안에서밖에 못 살았을 것 같은데, 온 나라를 헤집고 다닐 수 있게끔 해준, 깨우칠 수 있게끔 해줬는 게 다시 한번 돌아보게 해줬죠. 그래도 좀 이런 일, 저런 일 하고 나도 갈 수 있게끔 해줬다고 할까? 버스 타고 오는데 그런 생각이 들더라구요. 비록 지혜는 빨리 갔지만 엄마를 다른 세상으로 볼 수 있게 만들어줬는 게, 말을 끝을 못 맺겠는데 자꾸 어떻게 끝을 맺는 게 모르겠는데 (웃으며) 인생 공부 많이 한 것 같아요, 2주 동안도.

청문회도 가보니까 참 우리같이 사는 사람도 어렵게 살면서도 바르게 살려고 그러는데, '그 사람들은 진짜로 환경도 좋게 태어났으면서도 어떻게 그렇게 그런 나쁜 짓을 할 수 있는가', 입만 다물고 있으면, '모른다' 이렇게만 하면은 다 해결이 될 것같이 그렇게 앉아서 있는 것도 너무, '저런 사람 머리에는 뭐가 들어 있을까' 생각도 들고, '참 세상이 별의별 사람들이 많다'라는 것도 느끼고, '엄청 오래 살지도 않을 건데 왜 저렇게 사나' 생각도 있고, 많은 생각을 할 수 있는 한 주 같았어요. 근데 바로 살아야 되는데 바로 살고 싶은 생각이 없는 거 있죠. 우리 딸이, 우리 큰딸이 어제께 전화가 왔는데, 자기가 친구 아이스크림을 사줬는데 그게 한 개가 1000원짜리인데, 알바하는 사람이 외국인이래요. 근데 그러면은 친구 사주면 두 개 사면 2000원이 돼야 하잖아요. 근데 1000원밖에 안 받더래요. 근데 그냥 왔대요. 근데 나한테 그 말을 해가지고 "○○야 그렇게 살면 안 돼" 그랬더니만, 내가 뭔 말 했더라? "그렇게 살면 안 돼. 니가 바로잡아야 되지 않겠어" 그랬더니만, "모르겠어. 말 못 하고 그냥 왔어" [하더라고요]. 아니 이 말 할려는 게 아니라, 얘 하고 대화하는 게 갑자기 생각이 안 나는데? 그러면서 나는 또 바로 살지 않으면서 딸한테는 바로 살라 가르치려 하는 그것도 마음에 안 들고(한숨), 그랬어요(웃음). 마무리를 못 짓겠네.

면담자   부모님들 중에 청문회 가면 너무 화가 나서 가기 힘들다고 하시는 분이 계시던데요?

지혜 엄마   그죠, 힘들죠. 가서 울고 욕도 하고 소리도 지르고, 근데 우리가 많이 가야 하잖아요. 우리 일이니까 많이 가서, 흥분할지언정, 갔다 와서 아플지언정 가서 우리 눈으로 보고, 확인하고, 부모가 된 도리라면. 나는 그렇게 생각해요. 마음 아프다고 안 가고 그러면 갈 사람 아무도 없잖아요. 그다음 날 아픈 한이 있어도 가서 지켜봐야 된다고 생각해요. 우리 아이들이 순조롭게 가지 않았잖아요. 가서 그 사람들을 지켜보고 바른 증언을 했으면 좋겠는데, 자기네들도 맨 무슨 입장이 있었겠지만은, 그런 것 같아요.

3
청운동, 국회, 감시, 서명 활동

면담자   오늘은 참사 후 삶과 활동들에 대해 주로 여쭙겠습니다. 첫 번째 질문은 지난 2년의 활동들 중에 기억에 남거나, 남기고 싶은 일화가 있으시면 말씀해 주세요.

지혜 엄마   그러게요, 저는 솔직히 앞에 나서지는 않았지만 그래도 참석은 다 했어요. 안 가면은…, 그래도 참석해서 한 몸이라도 더 보태기 위해서 청운동이고 [어디고] 아침부터 짐 싸가지고 가긴 했지만은…. 기억에 남는 거는 엄청 많죠. 국회서라든가 청운동 동사무소 앞이라든가, 동사무소 앞에 가면 갈려고 광화문에서 중간[에] 경찰이 막아서는데 유가족 아닌 척하면서 가는 그런 모습도 그렇고, 가다가 잡혀갖고 경찰 테두리에 이렇게 둘러싸고 거기에 주저앉아 가지고 오도 가도 못 한 그런 적도 많고, 화장실 가고 싶어서 싸우면서 화장실 보내달라고 그런 적도 많고, 화장실은 보내주면서 나가면 들어오지도 못하게 해갖고 몸으로 부딪치고 싸운 적도 많고요. 하여튼 대립하는 게 너무 많았어요, 솔직히. 그리고 그때는 경찰이 무서웠지만은, 그 무서움을 무릅쓰고 그렇게 몸으로 대립한 적도 많고, 지금 생각하면 진짜 그림자처럼 지나가는데 (한숨을 쉬며) 우리가 어디를 지나가기만 해도 진짜 경찰들이 몰려와 가지고 그렇게 하는 걸 보면, 아무리 죄인이라도 그렇게 하지는 않을 건데, 한두 명이 아닌 경찰들이….

그것도 그렇고, 도보 [행진]하는 것도 기억에 남고…. 지금 생각하면 해놓은 것도 많고요. 서명 하면서도 참 많이 울었어요. 내가 어디 가서 "뭐 해주세요" 말도 못 하는데, 애 때문에 어쩔 수 없이 가야 해, 가서 외쳐야 됐다는 게 너무 (한숨을 쉬며) 힘들었어, 솔직히. '어느 누구한테 '뭐 해주세요' 말 한마디 못 하는 내가 이렇게까지 해야 되는가? 나이 오십이 들어서' [하는 생각이 들어서요]. 그냥 평상시에는, 오십 전에는 평탄하게 잘 살지는 못했지만은 남한테 아쉬운 소리 한 번 안 하고 내 안에 다 해결하고 살았는 것 같은데, 지금은 남한테 아쉬운 소리 해야 되잖아요, 그것도요. "뭐 해달라" [하는 게] 너무 힘들었어. 차라리 경찰하고 대립하는 게 덜 힘들었고, 서명받으러 갔는 게 너무 힘들었어요. 입 한 번 못 떼는 사람이 어디 나가가지고 "뭐 해주세요" 외쳐야 되고, 해주는 사람은 괜찮은데 좋은 눈으로 안 보는 사람하고 싸우면 안 되잖아요, 그 사람들하고. 참고 참다가 나도 모르게 그날 일진이 안 좋으면 같이 싸우게 되고, 그러는 내 모습이 너무 싫었지만 해야 된다는 그것이 너무 비참하고 (눈물을 훔치며) 자존심도 상하고….

그것도 그렇지만 지나가는 거의 학생들이 많이 해주잖아요. 학생들 보면 미치겠는 거예요. 내 애 같고, 예쁜 옷 입고 가면은 '우리 지혜도 저런 옷 입으면 날씬하고 예쁠 건데' 그런 게 제일 힘들었어요, 솔직히 말하면. 그러다 그게 하루 이틀 지나니까, 만성이 되니까 그나마 견디겠더라구요. 그것도 힘들었지만은 거리에 지나가면 현수막을 많이 달았잖아요, 초기에. 거기에 글귀를 보면 미치겠는 거예요, 그래서 거리에서도 울고도 많이 다녔고. 이렇게 다니면서 고개를 못 들고 다녔어요. 누가 뭐라 그런 게 아니라 내 스스로가 고개가 안 들어지더라구요. 항상 땅을 보고 다니더라구요. 성격 탓일 수도 있겠죠? 아이 잃은 엄마로 하다 보니까, 이웃 사람도 못 만나겠고, '그 사람이 내[나]한테 어떤 말을 던질까' 그런 생각 때문인지, 1년 반 정도는 힘들었어요. 요즘엔 덜한 거예요, 그나마. 다른 사람 안 만나고 분향소 사람들하고 반 엄마들하고 지내니까, 웃고 또 하고 싶은 말도 맘대로 할 수 있는 게 그래서 또 많이 좋아졌죠. 그러면서도 혼자 있을 때는 이런 저런 생각을 많이 하게 되더라구요. 처음에는 지혜 없으면 못 살 것같이 그러더니만은, 지금은 밥도 잘 먹고, 배고파 오고, 끼니 때 되면 배도 고파오고, 잠 못 자면

지혜 엄마 이정숙

은 졸려서 막 몸서리치고, 잠도 잘 자고 이러니까 어떨 때는 스스로가 원망스럽게 되고(한숨).

그런 저런 시기가 다 좀 많이 지난 것 같아요, 지금은요. 조금 안정을 찾았다고 그럴까? 일반 사람도 조금씩 만날 수 있는 그런, 마음이 안정되었다고 그럴까요? 가족 간에도 세 명 있으면은 테레비[TV]를 켜놓고 세 명 다 멀뚱멀뚱 눈치만 살피는 것 같아요, 각자의 행동이지만 같은 곳에 있으면서도. 그런 것도 좀 힘들었고 [했지만] 많이 지금 많이 안정된 것 같아요. 딸하고도 농담할 수 있는 정도로 됐고, 애기, ○○ 아빠하고도 평상시처럼 대화할 수 있는…. 근데 남을 미워하는 그런 거는 아직은 안 되더라구요. 다 뭐라 그럴까 곱게 안 보인다 그럴까요? 적으로 보는 그런 게 아직까지는 남아 있는 거 같아요. 그래서 맨날 성당 가서 그런 기도를 하죠, "예전의 마음으로 돌아올 수 있게 [해달라]"고. 기도할 때 마음하고, 나와서 행동할 때하고 마음하고 또 [다르죠]. '하지 말아야지' 하면서도 평상시 행동으로 돌아가는 게 마음의 불신이 많이 생긴 것 같아요.

4
참사 후 신앙생활

면담자   성당을 나가는 것도 지혜랑 성당을 같이 다녔으니까 힘드시지 않았어요?

지혜 엄마   지금 성당 안 나가고, 분향소. (면담자 : 분향소 천주교

방에 가시는 거예요?) 분향소에서 미사 봐요. 처음에는 성당에, 제가 성당에서 총무를 맡고 있었어요. 내 하던 일도 있고, 컴퓨터로 하는 작업도 있고 그래서 갑자기 빠지면은 안 되잖아요. 같이 일하는 사람이 힘들 거잖아요. 그래서 몇 달은 했어요. 그러고 자꾸 "나오라"고 그러고, 봉사도 해야 되니까, 발맞춰 같이하던 사람이 빠지면 힘들잖아요. 그래서 (한숨을 내쉬며) 마음 가다듬고 초기에는 한 달 지나서 서류 그렇게 해주는 것은 우리 집에 와서 해갖고 그거는 해줬고, 마음잡고 나가야지 하면서 나갔는데 못 다니겠더라구요. 같이 어울렸던 사람들이 편하게는 해주는데 내 자체가 적응을 못하겠더라구요. 그 사람들이 웃기면 같이 웃어주고, 나도 말을 해야 되잖아요. 근데 그 상황에서는 웃음도 안 나오고, 나도 거기에서 말이 안 나오고, 그래서 한 세 번인가 네 번 가서 봉사할 때는 '이러다 보면은 하겠지' 하고 했는데 도저히 안 돼갖고 [봉사활동은 그만뒀어요]. 미사 같은 경우는, 내 마음하고 거기 미사하고 안 맞더라구요. 미사만 보면 괜찮은데 신부님이 바뀌서 가지고 거의 기분 띄우는 뭐랄까, 음악을 많이 하더라구요, 음악적으로 많이 하더라구요.

그것도 안 맞고, 우리 지혜랑 같이 갔던 생각도 있고, 지혜가 앞에서 피아노 치던 모습이 계속 나오고 [해서], 성가를 부르면은 눈물이 막 쏟아져요. 나도 왜 그러는지 모르겠어요. 성가만 부르면 눈물이 줄줄 흐르는 게, 그러면서 거기서 눈물 닦을 수 없잖아요, 옆의 사람한테 분심 가게 하고, 사람들은 "괜찮다"고 하는데 내가

104

지혜 엄마 이정숙

용납이 안 되니까. 미사는 그렇게 해서 못 가고, 봉사 같은 경우에는 내가 섞이지를 못하니까, 웃음이 안 나오는데 억지로 웃는 것도 웃기잖아요. 그러다 보니까 안 되겠어서 같이 일하는 사람한테 그랬죠, "저 못 하겠다"고, 도저히 "참아봤는데 안 된다"고, "내가 지금은 안 되도 나중엔 얼마든지 와서 이 구역이기 때문에 그 성당은 몇 년 뒤에도 갈 수 있는 상황이니까 봐달라"고, "좀 그만둬야 되겠다"고 그랬더니만은, 자기도 보니까 안 되니까 옆에서도 사람들이 "놓아주라"고 그러니까, 그래 그래 하다가 못 갔, 안 갔죠. 내 아니면 다른 사람 그 자리에 메꿀 사람 없는 것도 아니고(한숨을 쉬며), 그래서 성당은 안 가게 됐고….

여기 다행히도 신부님이 오셔서 미사 해주는 사람이 한 분이 계셨는데, 또 그게 "교구 차원에서 안 맞다"고 해서 그분을 못 오게 하시더라구요. 우리는 되게 그분 때문에 많이 안정이 됐는데, 그런 게 룰이 있나 봐요. 다행히도 분향소에 미사가 있어서 미사 나가는데, 지금 상황에는 옛날처럼 그렇게 신심이 있어서 나가는 게 아니고, 해야 되니까, 미사를 드려야 되니까 단지 그것 때문에 가는 것 같아요. 내가 봤을 때는 옛날처럼 하느님께 매달리지도 않고, 생각 없이 '가야 되니까 가나 보다' [하는 거 같아요]. 미사뿐만 아니라 모든 일이 그런 것 같아요. 지금 내가 옛날에 열심히 살았던 것에 비하면, 해야 되니까 하고, 생각 없이 하는 것 같아요. 오로지 하나밖에 모르는, 지혜를 위해서, 저거 저런 분향소에 그것만 생각, 정신 차리고 해야 되겠다는, 그 외의 일은 습관적으로 가게 되는 거 있잖아요, 생각 없이 다니는 거, 해야 되니까 하는 거라. 그러니까 내 생각의 폭이 좁아진 것 같애, 내 스스로를 보면은. 옛날 같은 면은 좋은 글귀 있으면 보고 읽고 그대로 실천하려 그러고, 우리 아이들에게 좋은 이야기 있으면 들려주면서 행동하자고 했는데, 지금 같으면 좋은 글이 아무리 날아와도 내 눈에는 안 보여요.

오로지 사고 소식, 사고 기사…, 그것도 조금 위험한 일이잖아요. 이렇게 한 가지 일에만 몰두하는 것도 안 좋은 건데 근데 머리가 그쪽으로 안 돌아가더라구요, 오로지 분향소밖에 모르는. 알고 있으면서도 안 되더라구요. 한 가지 생각밖에 안 하는, 머리가 멈춰 있는 그런 느낌이랄까? 그런 생각이 나요. 오로지 사고 때 생각밖에 안 나요, 어떻게 해야겠다는 그런 계획도 생각도 다 멈춰버리는…. 그래서 성당은 지금은 아예 쉬고, 우리 큰딸도 반주하고 그랬었는데 이제 다, 처음에는 다녔는데 한 몇 개월 다니더니만은 자기도 그 분위기하고 안 맞으니까, 신부님이 새로 오니까 분위기를 바꿨어요. 맨날 음악회 하고, 율동을 많이 집어넣어서 거의 율동식으로 미사를 보고 이러니까, 얘도 내가 봐서는 그게 성향이 안 맞는 것 같아요, 지금 자기하고는. 지금 자기는 조용히 미사 드리고 싶은데 그런 몸동작을 움직여야 되고, 노래 불러야 되고, 합창해야 되고 그러니까. 처음에는 달래서 "가라, 가라" 그랬는데, 계속 "못 가겠다"고 그러더라구요. 그래서 "5년만 기다려달라"고 그러더라구요. "그래, 니 마음대로 해라. 니가 가기 싫으면은 엄마랑 나중에 5년 뒤에 같이 다니면 되니까" 신부님 5년 있다 가시거든요(웃음).

지혜 엄마 이정숙

면담자　　　성당에 희생자 아이들이 많은데 분위기가 그렇게 바뀐 건가요?

지혜 엄마　　예, 그게 좀 신부님 성향에 따라 조금 조금씩 달라요. 옛날 우리 사고 났을 때 신부님은 첫 부임 하셨는 신부님인데, [희생 학생들 중에] 우리 성당 아이들이 많으니까 너무 우울해 계시는…. 근데 임기도 다 돼가고, 임기 다 돼갈 때 우리 아이들이 사고를 당해갖고, 나이도 어리신 분이에요. 너무 아픔이 많으셨을 거예요. 곱게 자라신 분인데 이런 일을 너무 많이 겪으신, 거의 하루에도, 하루에도가 아니고 며칠에 한 번, 일주일에도 두세 번씩 애들이 올라오니까 그거 미사 드리는 게 자기는 엄청 마음이 아프잖아요. (울음) 좀 고생하시다 가셨어요. 그래 신부님이 너무 아파하니까 신자들도 맨날 울음바다가 되고 이래다 보니까, 그래 그 신부님이 신자들 마음잡아 주고 가시려고 그랬는데 교구 차원에서 다른 데 보내시고, 이 새로 오신 신부님인데 우리랑 여기 성향이랑 안 맞아요. 외국 사시던 분이라 그런지 오자마자 그런 룰을 확 바꾸시더라구요. 신자들도 신부님 따라가야지, 언제까지 마음 아파할 수는 없잖아요. 그러다 보니까 성당 분위기 자체가 바뀌는 거죠.

그러다가 신부님하고 첫 대면 했을 때도 저는 신부님 말씀에 상처도 받았고, 그래서 안 나갔는데 거의 많이 그쪽으로 하니까…. 신부님이 나쁘다 할 수 없는 게 신부님은 다른 신자들을 끌어올려야 되니까, 기분을 업시켜야 하니까 그러신 거겠지만, 그러다 보니까 수녀님들 같은 경우도 자기가 맨날 같이 지냈던 애가 없고 하니까, 신부님 따라는 해야 되고 하니까…. 그러다 어떻게 했는데 1주기 때는 애들 사진 갖고 앞에, 그건 신부님한테 허락을 맡았나 봐요. 신부님이 아픔 자체를 싫어하는 것 같아요, 아픔이 있는 거를. 그러니깐 이런 이야기를 못 했는데, 1주기 되니까 수녀님들이 애들 사진 꾸며가지고 제대 앞에 놓고 미사 드리자고 그렇게 했는데, 그 계기로 해서 평화방송에서 사진 찍고 그게 어떻게 기사가 났나 봐요. 그러니까 "그 사진을 계속 냅두자"라는 [의견이 나왔나 봐요]. 그래 갖고 지금은 많이 우리 아이들을 생각해 주는 것 같아요. 그러고 금요일인가 언제 음악회를 한다고 그러고, 현정수 신부님[수원교구 소속 작곡가 신부]이 유명하시잖아요. "우리 아이들 노래도 만들어주시고 세월호 2주기 맞아서 미사 드리며 작은 음악회 연다" 그러더라구요.

나쁘게 얘기하면 누구 덕분에 누가 좀 올라가시는 거죠. 신부님이 수녀님 덕분에, 수녀님이 다 그렇게 꾸며놓는데 인정은 신부님이 받으니까 그렇긴 한데, 그래도 다행히도 우리 아이들을 제대 앞에 차려놓고 미사 드리긴 하더라구요.

5
고마운 사람들: 조카, 이웃과 유가족 엄마들

면담자   장례 치르고 나서 '바로 분향소에 가야겠다' 생각하셨고, 분향소 생각밖에 없다고 하셨잖아요. 어떤 계기와 심경에서

108
지혜 엄마 이정숙

그러신 건가요?

지혜 엄마   저는 '부모니까 가야 되겠다' 생각했죠. 어떤 어려움이라도 거기 부모들이랑 합세해서 우리 아이들 억울한 거, 덜 올라왔는 아이들도 같이하면서 힘을 합쳐야 된다고 저는 생각했어요. 처음엔 여기 올림픽기념관에 있을 때는 밖에를 못 나갔어요, 바로 앞이다 보니까 못 나가고 집에서만 있었는데, [친정] 오빠가 보다가 안돼 갖고 조카를 아예 안 델꼬 가고 여기 냅두고 가더라구요. 조카가 아가씨였어요. 자기는 "집에 가자"고 그러는데 우리 집이 나을 것 같아서 "안 간다" 그랬더니만은, 조카를 나 옆에 냅두고서, 다행히도 걔가 어디를 가도 항상 따라다니더라구요. [분향소가] 여기 며칠 안 있었어요. 여기는요, 올림픽기념관 분향소가 다행히도 한 일주일인가, 일주일 못 되게 있었어요. "저쪽으로 화랑유원지로 옮긴다" 하더라구요. 그래서 걔가 한 5개월 동안 우리 집에 있었어요, 자기네 집에 일주일에 한 번 [가고]. 토요일, 일요일은 우리 ○○가 오니까, 신랑도 쉬고 하니까 토요일 갔다가 일요일, 월요일 아침에 올 때도 올 때도 있고. 조카 때문에 많이 [도움이 되었어요]. 조카가 고맙죠. 밥 안 먹으면 같이 밥 먹어주고 설거지해 주고 분향소를 가도 따라가고.

　　서명운동 우리가 천안으로 많이 다녔어요. 천안까지 그 뙤약볕에서 서서 고모랑 같이해 주고, 걔 때문에 많이 기운을 이렇게 얻었다고 그럴까요? 지혜 대신으로 아양 떨면서, 걔 덕을 많이 봤다. 그래서, '나는 아예 부모니까 나가서 활동해야 된다' 생각해서 분향소에서 처음에는 많이 피켓도 들고 그랬어요, 서명도 받고. 분향하러 온 사람 들어가는 입구나 나오는 출구에서 서명받았거든요. 우리들이요, 부모들이, 부모가 해야 하는 일이니까. 그나마 걔가 따라가 주고, 여기서 걸어갔거든요. 따라가 주고 따라오고, 지혜 대타 일을 많이 해줬죠, 지혜 대신 둘이 오면서 이야기도 하고. 그러다가 처음에는 같은 반 엄마가 누가 누군지 몰랐어요, 저는 좀 일찍 올라와서. 근데 반별로 모이고 의논하고 이러다 보니까 그 엄마들이랑, 마음 맞는 엄마들이랑 친해져서 어느 정도 자리 잡으니까 걔가 가더라구요. 그래 연결돼 가지고 잘 다녔죠, 처음부터 저는 분향소 나갔으니까.

그러고 [같은 10반에] 소진이 엄마라고 있어요, 그 엄마하고도 맨날 다녔어요. 그 엄마도 고맙고, 같은 유가족이면서 같은 성당 다니고 그런 엄마다 보니까 속엣말도 할 수 있고. 그때 친구를 잘 만나가지고 지금은 보현이 엄마하고 가영이 엄마하고 마음 맞춰서 갈 수 있고. 또 어디든지 혼자 가면 못 갈 건데 짝꿍들 매번 잘 만나서 같이 힘 합쳐서 나갈 수 있고, 그래서 이까지 왔는 거 같아요. 혼자면은 저 진짜로 못 했을 건데 그때그때 징검다리가 돼준 사람들이 있어서, 내 자리에, 지금의 자리에 올 수 있었던 것 같애요.

면담자   지금 말씀하신 분들 말고, 위안이 됐던 사람이나 위안이 됐던 경험이 있으셨어요?

지혜 엄마   네. 저 맞은편에, 건너편에 엄마, 한 엄마가 있어요. 그 엄마가 우리 지혜 유치원 때, 우리도 지혜 유치원 때 이사 오고,

110

지혜 엄마 이정숙

개도 또 요 앞에 유치원 때 이사 왔는데 지혜 남자 친구, 둘이가 서로서로 되게 좋아했었나 봐요. 소문이 그렇게 오더라구요. 근데 개도 우리가 며칠, 한 3, 4일 전에 이사 오고 개는 3, 4일 뒤에 이사 왔는데, 유치원에서도 둘이 얘기했나 봐요. 선생님이 그 얘기하더라구요, [지혜가] "우리 광신[빌라]에 이사 간다"고 [했더니] 개도 "어? 우리도 이사 가는데" 그러면서. 그런 엄마가 하나 있었거든요. 그 부모들도 우리 지혜를 참 이뻐해 줬거든, 나중에 며느릿감이라 그러고 그랬는데, 초등학교 때까지는 둘이 친해 가지고 학원도 같이 다니고 그랬는데, 그 엄마가 한번은 자기 아들이 어떤 여자가, [자기 아들이] 좋아하는 [아이] 부모를 알고 싶어서 찾아왔더라구요(웃음). 그래 갖고 깍쟁이처럼 생겼어, 서울 엄만데, '나는 저 엄마랑 절대 안 친할 거'라 생각했는데, 어떻게 둘이 단짝이 돼버렸어요.

이렇게 여기 평화의집, 저녁, 할머니들 저녁 식사 봉사 가는 거 일주일에 한 번 가는 게 있어요. 그 엄마랑 거의 10년 넘게 했고 그렇게 지냈는데, 고등학교가 따로따로 갈라지고 그러다 보니까, 그 엄마는 단원고 안 가고 다른 고[등학교] 가고, 우리 지혜는 여기 와서 이 일을 당하니까 그 엄마가 도움을 많이 줬어요. 아침저녁으로 와가지고 자기 출근도 해야 되는데, 항상 나하고 한 30분, 어떻게 있나 밥은 먹었나 [보고] (한숨을 내쉬며) 챙겨주고 갔어요. 조카가 있는데도 보고 가고, 들러서 차라도 같이 마셔주고 그러면서 내 우는 것도 지켜봐 주고…, 그 엄마 도움이 많이 컸죠. 그렇게 쉬운 게 아니잖아요, 자기가 출근하면서도 아침저녁으로 와서 들여다보는

111

3회차

게. 그 엄마한테 고맙게 생각해요, 같이 아파해 주고 해주는 게.

6

분노하게 한 사람들

면담자　　　지난 2년 동안 가장 분노했던 일이나, 분노하게 한 사람에 대해 이야기해 주세요.

지혜 엄마　　　화났던 일이…, 맨날 화내는 것 같아요, 첨에는. 처음이 아니고 (한숨 쉬며) 우리, 뭐라 그럴까, 유가족을 그렇게 감시하는지 저는 몰랐거든요. 진도에서 체육관에서 있을 때 그런 말 듣고, 그런 것도 보고, 옆에서 봤을 뿐이지 내가 직접 당하지는 않았기 때문에 그런가 보다 그랬는데, 진짜로 우리가 분향소에 있었는데 진도 갈 때도 사복경찰 따라붙어 가지고 그걸 잡았어요. 잡아갖고 와갖고 여기 분향소에 데려다 놓고, 위 상사하고 다 불러놓으라고 부모들 다 (한숨을 내쉬며) 그럴 때도 너무 억울했고…. 그리고 우리 10반 선생님 살아 오셨잖아요. 10반 선생님이 살아 왔는데 우리 만나고 얼마 안 가서 기사가 났는데 선생님을 두둔하는 기사가 났어요, 짜깁기 기사가. 없었던 일을 언론이 짜깁기해 가지고 보도했더라구요. 그거 읽고는 화가 나갔고 그 기자를 불러서 왔어요. 분향소 불러 오는데 그 기자가 여잔데 초보자예요, 초짜예요. 초짠데 따지고 물으니까 직접 본 것도 아니고, 우리 선생님 만난 것도 아니고, 이 신문 저 신문 누구한테 듣고 이래 가지고 듣고 짜깁기

112

·

해 가지고 내보냈다면서, 그 기사 낸 것도 너무 진짜로 어이가 없더라구요. 그래서 화 많이 낸 적도 있고….

면담자   만난 후라고 하셨는데 언제 만나셨나요?

지혜 엄마   선생님이 일 년인가 쉬었잖아요. 그래서 다시 재직할라고 우리가 그렇게 만나자고 할 때는 안 만나주고, 만나러 갈 때도 안 만나주고 전화를 해도 안 받고 이러다가, 교사로 다시 할라고 우리 부모를 만나러 온다고 하더라구요. 그래서 미술관에서 만났어요. 그러면서 거기서도 좀 많이 화났어요. 한 번도 분향하러 한 번도 안 오고 (한숨 쉬며) 쌩쌩한 모습으로 왔는 것도 화가 나고, 우리 아이들한테 한 번도 분향하러 오지도 않고 잘 지냈다는 것도 억울하고, 언론이 그 선생님을 두둔하는 그걸 낸 것도 너무 어이없고.

면담자   선생님을 만나면 어떤 이야기를 듣고 싶으셨어요?

지혜 엄마   그렇죠. 선생님은 그 살아 온 것에 대해서는 어쩔 수 없어요, 솔직히 말하면은. 나는 그 선생님에 대해서는 별 저기가 없으니까, 산 목숨 어떻게든 잘 사셔야죠, 그분도 살아 온 것에 대해서도 죄책감도 있으실 거고. 근데 그 당시에 현장이나 상황이나 단지 이런 이야기가 듣고 싶었어요, 솔직히 말하면은. 우리 아이들이 그 상황에서는 선생님밖에 믿을 사람이 없잖아요, 부모랑 똑같잖아요. 아이들이 저녁에 어떻게 놀았고, 어떻게 아침을 맞이했고 이런 사소한 이야기 듣고 싶고, 저 같은 경우 그랬고, 다른 우리 10반 엄마들은 '애가 아파 갖고 멀미 때문에 아침을 못 먹었고 아팠다'라는 그런 이야기도 듣고 싶고, 그런 모든 이야기를, 하루 동안에 있던 이야기를 듣고 싶어서 그랬는데…. 선생님은 모르죠, 혼자 살아왔다는 그런 생각에서 못 만나는지 그거는 모르겠어요. 만나면 우리가 죽이겠어요, 그 선생님을요. 근데 와갖고는 화장실에 있었대요, 그 얘기만 계속하고 다른 얘기는 안 해주시니까(침묵).

그리고 또 화나는 거는 많아요. 국회 가서도 우리를 인간 취급 안 하는 것도 화나고, 화장실도 제대로 못 가게 하는 것도 화나고, 먹는 것까지, 국회 안에 있는 거 못 먹게 하는 것도 화나고, 화나는 거는 뭐 한두 가지도 아닌, 너무 많으니까(한숨). 재판할 때, 재판도 내가 거의 갔거든요, 그런 것도 화나고. 다 억울한 것밖에 못 겪었잖아요, 2년 동안이나. 그리고 생각이 안 나는데 최근에 화나는 게 아까 말하려는데 잊어버렸어요(웃음). 최근에 화난 것도 있었는데, 매 순간마다 화났어요. 언론이 너무 우리 유가족, 잘 써달라는 게 아니고 있는 사실 그대로 써주면 되는데 너무 많은 걸 찍어 갔으면서도 그것도 한 번도 방송에 내보내지 않는 것도 그렇고….

7
교실 존치 문제와 이웃과의 관계

지혜 엄마　　진짜로 지금 많이 억울한 거는 학교 문제인 것 같아요, 저 같은 경우에는. 그나마 학교는 같은 부모니까, 같은 동네니

까 '이해해 줄 수 있을 거'라고 생각했거든요. '쉽게 풀릴 거'라 생각했어요, 학교 같은 경우는. 이렇게 길게 끝까지 갈 줄은 상상도 못했어요. 다른 거는 안 되더라도 학교 문제만큼은 우리가 원하는 만큼 있을 수 있었거든요. 우리 이렇게 길게까진 안 있을라 그랬었어요. 근데 지금 교육청에서 하는 것도 그렇고 (한숨 쉬며) 재학생 부모가 다 동네 사람이에요. 그러고 초등학교 때부터 같이 거쳐 왔던 엄마들이에요. 근데 그렇게, 솔직히 말하면 재학생 부모하고 우리하고 싸울 문제가 아니거든요. 교육청에서 둘이 합쳐서 교육청에 가서 싸울 일인데, 그렇게 하는 게…. 재학생 부모 회의를 갔는데, 재학생 부모가 앞장서서 하는 그 부모가 우리 지혜 친구 엄마고, 지혜 좋아했던 남자애 엄마고 나랑 나이 똑같애, 친구로 지냈던 엄마고. 거기에 대한 아픔이 많았어요, 어떻게, '굳이 앞장 안 서도 되는데 저렇게 앞장서서 저렇게 활동할 수 있나'.

그 아픔은 알죠. 자기 자식도 제대로 된 교육을 받고 싶어서 앞장서는데, 그냥 조용히 있으면 우리가 그 아픔을 잘 알 건데, 굳이 앞장서서 교실 빼라 말라 하는 것도 좀 억울하다, 아니 그보다는 내 마음이 더 아팠는 거 같아요. 이웃사촌이 서로서로 보듬고 가야 하는데 하루아침에 적이 돼버리니까, 그 모습 보고는 차마 길거리에서 만날까 봐 두려운 거 있죠. 내가 좋은 마음으로 그 엄마를 대할 수 없을 것 같은, 그리고 학교 회의할 때 앞장은 안 섰지만 거기 와서 참석했는 그 엄마들도 다 동네 엄마고, 우리 지혜 피아노 가르쳤던 선생님이고 이랬는데, 이해는 하더라도 한편으로 밉더라구요, 그 엄마들이요. '좋게 좀 해줬으면 좋았을걸. 거기에 끼여서 그렇게 행동을 해야 되나' 싶은 생각도 들고 그래서 만나기 싫더라구요. 근데 어제께 같은 경우는 서울 갔다가 내려오다, 들어오다 그 엄마, 피아노 선생님을 만났어요. 그 피아노 선생님은 자기 쪽 이야기를 하고 우리는 나는 나 쪽 이야기를 하다 보니까, 더 길게 하다 보니까 싸울 것 같더라구요.

그 선생님은 자기 입장을, 들었는 얘기를 하는 건데도 나는 화가 나더라구. 그게 아닌데 정반대로 이야기하다 보니까, 교장선생님이 어떤 행동을 취했고 재학생 부모가 어떤 행동을 취한 걸 그걸 모르더라구요. 근데 이게 서로 간의 오해인지 뭔지 나는 모르겠는데, 나는 내가 듣는 거 겪은 것만 또 말하잖아요. 그 선생님은 자기는 교장선생님이 했는 얘기만 얘기하고 이러다 보니까 트러블이 생길 것 같아서 "그냥 들어가라"고, "더 이상 이야기 안 하고 싶다" [했죠]. 그러니까 대립이 자꾸 있으니까 사람 만나는 게 겁나는 거죠. 좋은 마음으로 지내고 싶고, 내가 이 일을 당했지만 어느 몇 년 지나면 그 사람도 편하게 만날 수 있는 마음이 있을 것 같아서 피하고 그랬는데, 그 선생님도 가끔씩 우리 집에 와서 차 마시러 오고 그랬어요, 처음에 우리 지혜 가고도요. 더 만나고 싶지 않은 생각이 [들어] 밀어내는 거죠. 그러다 보니 다 적이 돼버리잖아요. 그러고 싶지 않은데, 그러게 되는 것도 무섭고 솔직히 저는요. 옛날에는 친하게 지내고 그 사람이 나를 믿어줬고, 나도 그 사람을 믿어줬던 그 사람이 하루아침에 적이 되는 게 너무 무섭다고 그럴까?

지혜 엄마 이정숙

그게 너무 큰 상처였는 거 같아요, 진짜 내 가까이 있는 사람이 그랬다는 게.

국회나 이런 사람은 내가 모르는 사람이 그러는 거는 그렇다 치는데, 학교 문제는 다 몇십 년 지내다가, 친하게 지냈던 사람마저도 적이 되고 (울음을 터뜨리며) 자식 잃어버린 것만 해도 억울해 죽겠는데 옛날에 친하게 지냈던 사람마저도 이렇게 적이 되고…. 이 앞에 있던 엄마도 처음에는 그렇게 했는데 그 엄마도 맨 듣는 이야기가 있을 거 아니에요. "유가족이 이렇게 행동하고 다닌다", "자기네만 억울해하고 그런다" 하는 이야기를 들으니 서로서로 안, 덜 만나요. 맨 그 엄마도 나랑 만나봤자 트러블이 자꾸 생기니까 안 만날 거 아녀요. 그 모든 게 그러니까 내 마음이 비관적으로 바뀌는 것 같아요. 누구 탓하면 안 되겠지만 지금의 내 현실이 그런 것 같아요. 모든 거를 다 좋게 안 보이고, 비관적으로만 생각하고 좋게 보이는 사람들도 다 비관적으로만, 내가 먼저 생각하는 것 자체로 마음 아프고 그래서 도대체 어떻게 살아야 되는가 싶어요. 예전의 마음으로 돌릴 수 없는 게, 테레비 보면은, 뉴스 보면은 욕부터 나오는 것도 너무 싫고, 입이 거칠어지는 것도 싫고, 모든 게 다 싫은 것 같애. 싫은 것 같은 게 아니고 싫어, 사람 만나는 것도 싫고….

그래서 어제께 피아노 선생 만난 것도 너무 마음 아팠어요, '왜 옛날에 그 좋은 감정으로 얘기할 수 없는가' 싶은 게. 우리 지혜도 많이 델구 다녔거든요, 자기 딸이 하나라서 뭐 사면은 자기 딸 혼자 다 먹고 못 한다고 항상 우리 집에 보내주고 그랬어요. 그러고 딸 혼자 다니면 저거 하다고 서울에나 인사동 같은 거나 박물관 갈 때도, 지혜가 1살 더 많아요, 친구들하고 같이 델고 가고 놀이공원 갈 때도 지혜 꼭 델고 가고, 자기 딸이랑 같이. 그런 거 생각하면 내가 조금 참았어야 하는데, 어제 같은 경우에는 그런 대화 나누다 보니까 내 언성이 높아지는 그런 것도 싫고, 나중에는 "그냥 들어 가라"고, "자꾸 이야기해 봤자 서로 의견이 다르니까 좋은 마음이 안 나온다"고, 밀다시피 들어온…. 그 선생님은 더 이야기하고 싶어 하는데, 내가 너무, 우리가 교실 때문에 너무 어거지 쓰는 것 같기도 하고, 그 모든 게 제 자신이 다 초라하다 그럴까요? 모르겠어요. 머리에 저기 안 서는 거 있죠, 정리도 안 되고. '진짜 이게 우리가 바른 행동을 하는 건지', '왜 이렇게 교실 가지고 이래야 되는가' 싶기도 하고, 그동안에 추, 추워서 덜덜 떨면서 피켓[팅]했던 것도 아무 소용도 없는 것 같기도 하고….

모든 게 다 피해 봤다고 생각이 드는 게…. 피켓 설 때는 발도 시렵고 손도 시렵고, 갔다 오면은 따뜻한 데 누워 있으면은 고대로 고꾸라져요. 속으로 바람도 들어오고 [한데도 그렇게 오랫동안] 그 고생한 것에 비하면은 아무 것도 없잖아요. 그렇다고 해서 우리가 교실을 영원히 갖겠다는 것도 아니고, 교육청에서 제대로 우리 안을 해줬으면 그 교실 얼마든지 빼줬었잖아요. 그래서 뭐가 뭔지 정리가 하나도 안 되고, 그냥 하는 거라 하는 것 같아요. 오기만 더 생기고 욕을 하든 말든, 지금에는 그래요. 시민들이 아마 벌써 우리

지혜 엄마 이정숙

욕했으니까, 옛날에는 욕 얻어먹는 것 자체를 무서워했는데 지금은 '욕을 하든 말든 우리 욕심대로 밀고 나가자'는, 그렇게 사람이 자꾸 바뀌더라구. 그래서 저도 회의하면은 그래서 옛날에 없던 오기마저 생기고 이러니까 '끝까지 밀고 나가자' [하게 돼요]. 사실은 교실을 내줘야지요. 내주긴 내줘야 하는데, 재학생들도, 근데 우리가 너무 받은 것도 없고 하니까 추모공원이라도 어떻게 받아볼까 해서 그 교실을 자꾸 밀고 나가는 건데, 그러다 보니까 다른 생각은 안 하고 오로지 고런 쪽만 자꾸 밀고 나가는 거 같아요.

8
반 대표로서의 경험

면담자   어머니 10반 대표로 지금 계시는 거예요?

지혜 엄마   제가 대표는 아니고, 솔직히 안 하고 싶어요, 저도요. 근데 맨날 하는 말이 그래요, "내가 여기가 회사였으면 당장 사표 쓰고, 대표 같은 거 안 한다"고, "난 대표 아니라고, 단지 하는 사람이 없고, 우리 반이 해체되면 안 되고, 어쩔 수 없이 전달만 해주는 거다, 나는" 말은 그렇게 하는데, 나이 많다는 이유로 그만두지는 못하고요. 나오는 사람들을, 어떻게든 몇 명은 안 되지만, 다른 반 보니까 대표 없는 것 보니까 전달도 제대로 안 되고, 어디 갈 때도 제대로 안 가고 그러니까 너무 안타까워요. 합쳐야 되잖아요, 어떻게든요. 50명이면 50명이 합쳐야 하는데 그런 게 너무 전달도 안 되고 그러니까 우리 반만이라도, 나오는 몇 사람 안 되지만도 내가 조금만 고생하면 되니까, 그래서 어쩔 수 없이 하는 거예요. 맨날 대표란 소리는 안 해. 내가 "대표란 소리는 하지 말라"고 "전달만 해주는 사람으로 하겠다".

어차피 우리가 끝까지 싸워야 돼서 '한 개라도, 추모공원이라도 받아야 되지 않나' 그러면서 왔지. 그러면서 하다 보니까 하자는 일도 많고, 그걸 하다 보니까 '이끌고 가는 사람이 참 힘들다'는, 회의 들어가다 보니까 너무 힘들어 보여요. 그래서 내가 회의를 안 들어가고 싶어도 안 들어갈 수 없겠더라구요. 내 한 사람 안 들어가 뿌면 별거 아니지만, 이러다 보면 한 명 한 명 떨어지면은 그 이끌고 가는 사람이 그죠? 얼마나 힘들겠어요, 따라와도 힘드는데. 그런 거 때문에 그냥 하는 거예요

면담자   10반 희생자도 많고, 처지도 다르다 보니 다양한 생각들이 있으실 거 같아서, 조율하기가 어려우실 것 같은데요.

지혜 엄마   네, 힘들어…, 엄마들이 다 개성도 강하고. 힘든 얘기하라고요?

면담자   해체되지 말아야 된다고 생각하시는 거죠?

지혜 엄마   그게 저는 강하죠. 어차피 우리가 해갖고 가야 되잖아요. 우리가 끝까지 가야, 한 명이라도 끝까지 해야 우리 애들 진실을 밝힐 수 있고, 진실만 밝혀서 제대로 안 되거든요. 그 사람 잘못한 사람 처벌까지 줘야, '이 나라가 처벌이 이렇게 무섭구나' 알

아야 그 죄를 짓지 않기 때문에 나는 '처벌까지 줘야 한다' 생각하는 사람이고, 그까지 가려면 부모 한 명 한 명이 뭐 큰일 하는 것도 중요하지만, 똑똑한 사람도 중요하지만, 머리 하나 숫자 하나 더 채우는 것도 중요하다고 생각해요, 저는. 그래서 저는 솔직히 회의 들어가면 저 뭔 말인지도 몰라요. 내가 그렇게 똑똑한 사람도 아니고 말귀도 잘 알아듣는 사람도 아니고, 하면서도 내 자존심을 엄청 느껴요. '이 말을 어떻게 전달해야 하나. 이걸 이렇게 듣고 가갖고 우리 반에 어떻게 전달해야 하나' 그런 고민도 엄청 돼요. 그리고 이게 앞장서서 하는 사람이다 보니까 내가 안 하면 다 안 하는 거예요. 그런 것도 힘들고 솔직히 말하면, 내가 그 능력이 안 되거든요.

저는 따라가는 능력은 돼도, 머리 숫자 채워주는 능력은 돼도, 내 머리로 언어 전달이나 이런 건 그런 능력은 안 돼요. 그러다 보니까 한계가 엄청 오더라구요. 그리고 어디 가면, 광화문 같은 경우에도 무슨 행사 하면은 발언하는 게 있어요. 그러면 조금 괜찮은 사람이 해주면 좋은데 전부 다 안 한대요. 그러면 내가 해야 되잖아요. 그런 어려움도 너무 많고 숨이 컥컥 막히고, 어디 도망가고 싶을 때가 많아요. 어떨 때는 발언하고, 고민해 가지고 어쩔 수 없이 하는 날은 고민해 갖고 발언하고 나면은, 하고 했는 내용이 마음에 안 들어서 내 가슴을 막 치는 거예요. '왜 하지도 못하는 게 나가서 저렇게 해갖고…'. 손 놓고 싶을 때가 너무 많아요. 나는 잘 하고 싶은데 내가 능력이 안 되니까, 그 능력을 발휘 마음껏 발휘 못 하니까 내 자존심도 상하고…. 그러면서도 내가 그 생각은 해요, '내가 쪽팔리더라도 내가 조금만 쪽팔리면 되지. 조금만 쪽팔리고 무식하다 소리 들으면 이러다 보면 우리 애들이 언젠가는 진실이 밝혀질 거다' [하고요]. 그것만 보고 가는 거죠. 어떨 때는 말 못해가지고 한참 서 있을 때도 많고, 그런 게 조금 힘들어요.

엄마들보고 "어디 가자. 어디 가자" 그런 거는 얼마든 할 수 있는 건데, 나가서 발언하고 행사 때 [그런 게 힘들어요]. 크게 많지는 않아요, 우리 같은 경우에 전문적으로 하는 사람이 아니기 때문에 어쩌다 한 번씩 닥쳐오면 쥐구멍에 숨고 싶을 때가 많고(한숨). 그런 게 많이 힘들어요, 능력이 되면 좋은데. 맨날 그래요, '머리 나쁜 사람끼리 몇 명이 합치면은 똑똑한 사람 한 사람 못 하겠나' 그러면서 맨날 보현이 [엄마]하고 가영이 [엄마]하고 그렇게 말하면서 "머리 숫자라도 채워주러 가자" 그러고. 한번은 부산에 간담회를 가게 [됐어요]. 처음에는 간담회를 많이는 안 다니고 몇 번 다녔어요. 한번은 망신을 엄청 당하고 와갖고 그다음부터 안 가게 됐는데, 부산에 갔는데 가는 곳마다 조금씩 달라요. 거기는 조금 사람들이 뭐랄까 똑똑한 사람이 많이 사는지 모르겠는데, 질문이 막 들어오는데 그 질문을 답 못 했, 내가 원하는 만큼 해주지 못하니까 그것도 너무 창피하더라구요. 잠을 못 잤어, 그것 때문에. 자존심이 센 거지요. 잠을 못 자가지고 '내가 잠도 못 자면서 왜 이렇게 해야 되나…'. 한계도 많았고, 말 잘하는 사람 보면 부러워.

막 이렇게 질문이 왔을 때 바로바로 대답해 줄 수 있는 게, 그건 어쩔 수 없는 게 안 되더라고요. '내가 갈 길은 이 길이 아닌가 보

지혜 엄마 이정숙

다' 해서 '머릿수 채워주러만 열심히 다녀야 되겠다' [했죠]. 한번 그렇게 당하다 보니까 앞[에] 나서는 게 두렵고 그렇더라구요. 상대는 괜찮다고 그러지만 내 자존심이 허락하지[허락이] 안 되니까 그렇더라구요. 반도 이렇게, 많은 사람들이 전달해 주면 대답도 해주고 따라주면 좋은데, 대답을 전부다 안 하니까 벽 치기, 반에 이렇게 공지하면 바로바로 대답, 바로는 아니더라도 대답을 해주고 "어디 갑시다" 하면 "가요" 이렇게 해주면 되는데, 그런 거를 전혀 안 해주니까 그런 거는 포기했어요. 내가 알아서 올려보고 "몇 명 간다" 올려보고, 그거는 포기하니까 편하더라구요. 다 모든 걸 들을려면은 내가 지칠 것 같아서 '따라주든 안 따라주든 내 할 도리는 하자', 그리고 내가 가고자 하는 데 가고…. 지혜를 위해서는 어떤 쪽팔림도 다 감수하면서, 그 애들이 그냥 쉽게 간 게 아니잖아요. 고통 속에서 갔으니까 '그 고통만큼이야 하겠나' 싶어서….

그래서 그런지 성격이 많이 바뀌었어요, 좀 털털해졌달까? 누가 나에게 민망스러운 소리 해도 조금은 헤쳐나갈 수 있는 능력이 조금, 옛날에는 '뭐 안 좋다', '뭐 어떻다' 이야기하면 그게 못 봤는데, 그거 가지고 상처받아서 그랬는데, 지금은 그런 것도 다 감내할 수도 있고[요]. 조금만 흐트러졌는 모습, 이런 거 내가 봐도, 내를 많이 놀라워해요. 뭐랄까? 덜렁댄다고 할까? 그런 게 많이 심해졌어요, 그리고 꼼꼼하지가 못하게 바뀌었더라구요. 옛날엔 좀 꼼꼼했는데 딜링덜렁, 대충이면 "대충 해도 돼" 이러고 넘어가는 거 있죠? 그렇게 바뀌게 되더라구요. 그런 거는 나쁘지는 않더라구요.

웬만한 건 다 용서가 되고, 바뀌어서 좋은 것도 있고…. 어떨 때는 거침없이 말하는 게 무서워요. 제 스스로 내 입이 무섭고, 많이 한 번씩 놀랄 때는 자중도 하게 되는데, 노력을 더 해야 될 것 같아요, 남한데 화내는 거 그런 것들.

면담자   앞으로 삶에서 목표라고 할까요? 바라는 점이 있다 면 어떤 건가요?

지혜 엄마   목표요? 목표는 그거죠, 우리 애들이, 좋게 생각하면 그렇게도 생각했어요. 저는요, 이 세상이 지금 너무 문란하잖아요, 성적으로도 문란하고. 너무 요즘 청소년들도 문란하고 세상, 부모 가 자식 죽이는 일이 너무 흔하잖아요. 서로 어떨 때는 저 자신을 위안해요. '이런 더럽고 치사한 세상에 우리 지혜가 살아서 뭐 하 나' (한숨을 내쉬며) '친구들이랑 자기가 좋아하는 선생님이랑 가서 좋은 세상 살아서 더 낫다' 싶은 생각도 들고, '더 깨끗한 세상 가서 살아서 더 나을 수도 있겠다'. 단지 내가 안고 비비지 못하고 말 섞 지 못하는 그 아쉬움만 아플 뿐이지, '잘 갔다' 싶기도 하고…. 그리 고 앞으로 목표는 우리 아이들이 고통 속에 갔으니까, 그 고통만큼 세상도 바뀌었으면 좋겠어요. 문란하니까, 좋은 세상, 국회의원들 도 지금 제대로 된 사람 하나도 없고, 대통령마저도 나라를 위해 일하는 게 아니라 개인을 위해서 일하는 것 같고.

상위권에 있는 사람들이, 정신상태가 바로 박혀 있는 사람이 정치를 맡고, 진짜로 내 이익보다는 국민의 안전과 100프로 국민 의 안전을 보장할 수는 없지만, 그래도 웬만큼은 내 안전보다는 국민의 안전을 생각할 수 있는 그런 대통령, 국회의원들이나 이런 사람들이 이 나라를, 정치를 했으면 좋겠고…. 좋은 세상이 와갖고 우리 아이들이 그런 죽음당한 거를 다 밝혀서, 그죠? 그게 맨 그 말이겠지만 책임자 처벌을 받고 살기 좋은 나라 만들고…. 그러고 작게는 우리 ○○ 걱정을 많이 해요, 제가. 옛날에는 우리 부부가 가고 나면은 지혜하고 ○○하고 둘이 얼마든지 의지하고 살 수 있는 자매잖아요. 근데 지혜가 가고, 큰애가 내성적이라서 '그나마 지혜가 있어서 다행이다' 그렇게 생각했는데, 지금은 지혜가 없고 우리 가고 나면은 큰딸만 있잖아요. '큰딸이 누구랑 의지하고 사나' 그런 걱정이 많아요. 맨날 엄마들 앞에서도 좋은 남자 만나서 배·보상받은 거 이런 거 돈 하나도 안 쓰고(울음을 터뜨리며), 우리 큰딸을 줘갖고 큰딸이 남자 좋은 남자 만나서 그걸로 둘이 잘 살면 된다고….

[그래서 내가] 남자만 보면은 그 말을 많이 하는 편이에요, "나는 돈 벌어서 다, 죽을 때 우리 큰딸 다 주고 가면, 우리 큰딸이 그 돈으로 먹고살 정도 해주고 간다"라는. ○○가 제일 걱정이죠. 어디 가서 나처럼 말 한마디 못 하고 아쉬운 소리 못 하는 앤데, 옛날에는 지혜가 있어서 지혜가 지켜주고 같이 의지하고 살면 되는데 지금은 혼자니까 그게 항상 걱정이죠. '같이 살 때는 내가 보호해 주고 챙길 수 있지만은, [내가] 갔뿌면[가버리면] 우리 딸은 누가 같이 해 주나' [싶어서], 그래서 "못생기고 못나도 되니까, 부족해도 되니까 우리 딸만 보호해 줄 수 있는 사람이면, 내가 돈 다 주고라도 간

다"고 그러고 있어요. 딸이 제일 걱정이지, 우리야 어떻게 살든 살 수 있으니까(울음).

9
떠난 지혜에 대한 걱정과 본인의 건강상태

면담자　오늘이 마지막 구술인데 혹시 못 하신 얘기가 있으실까요?

지혜 엄마　그러게요. 우리 지혜가 맨날 아침마다 배를 만져줘야 됐어요, 1분이든 1초든. 항상 학교 가기 전에 장이 안 좋은지 "배가 아프다" 그래요. 나도 바쁜데 배 만져달라고 교복 입고 하면은 몇 번 안 만지고 "엄마, 나 이제 배 괜찮아" 하며 가는데, 하늘에서는 배를 누가 만져주나 싶기도 하고, 잘 있는 거 알면서도, 좋은 데 갔는 걸 알면서도 엄마 된 입장은, 제 [입장에서는] 걔가 그런 행동만… [생각나요]. '누가 만져주겠지. 좋은 데 갔으니까 안 아프겠지' 그러면서도 그게 생각이 나요, 아침마다 되면. 지혜도 배도 만져줘야 되고 이런 생각도 하고, 배 안 아프고 잘 있겠지….

면담자　어머니는 어디 아프시거나 이런 건 없으세요?

지혜 엄마　아픈 데는 없어요. 심하게 아픈 데는 없고, 이 같은 데가 치아, 잇몸이 안 좋아 가지고 병원 다 다녀가지고 많이 좋아졌고, 치료 다 했거든요. 어깨 같은 데 그런 게 아픈 거죠. 하니까,

자꾸 피켓[팅] 추운 데 가서 막 피켓[팅]하고 [하니까], 때가 안 좋을 때잖아요, 지금이요. 바람 쐬고 하면은 뼈가 제일 아파요. 이렇게 발꼬락 몇 마디라든가, 매듭이라든가, 표시 나게 아픈 데는 없어요, 그냥. 그때그때 아픈 거라서 크게 아픈 데는 없어요.

면담자   병원에 다니거나 한 건 없는 거예요?

지혜 엄마   예, 병원에 다닌 적은 없어요. 뼈 아프다고 해서 병원 가고 그러지 않잖아요, 그죠(웃음)? 그때그때 참고, 따뜻한 데 지지고 이러다 보면 괜찮고, 바느질하고 나면 아프고⋯. 다행히도 분향소에 마사지해 주러 오는 사람이 있어요. 또 마사지받으면 괜찮다가 며칠 지나면 또 아프고, 나이 들면은 아픈 거라서 굳이, 아픈 데는⋯.

면담자   오늘 여기까지 할게요.

지혜 엄마   예. 끝났어요?

면담자   네, 너무 긴 시간 많은 말씀을 해주셨어요. 어머님 구술은 이거로 충분할 것 같습니다. 이것으로 지혜 어머니 구술을 모두 마치도록 하겠습니다. 너무너무 수고 많으셨습니다.

4·16구술증언록 단원고 2학년 10반 제2권

그날을 말하다 지혜 엄마 이정숙

ⓒ 4·16기억저장소, 2020

기획 편집 4·16기억저장소 | **지원 협조** (사)4·16세월호참사가족협의회
펴낸이 김종수 | **펴낸곳** 한울엠플러스(주)
초판 1쇄 인쇄 2020년 4월 1일 | **초판 1쇄 발행** 2020년 4월 16일
주소 10881 경기도 파주시 광인사길 153 한울시소빌딩 3층
전화 031-955-0655 | **팩스** 031-955-0656 | **홈페이지** www.hanulmplus.kr
등록번호 제406-2015-000143호

Printed in Korea.
ISBN 978-89-460-6786-8 04300
　　　 978-89-460-6801-8 (세트)
* 책값은 겉표지에 표시되어 있습니다.